用書脫魯

的一生閱讀術

宋怡慧 著

推薦序

沒有到樂園，卻不玩遊樂設施的道理

歐陽立中（丹鳳高中教師、爆文寫作教練）

曾有媒體，對國內民眾閱讀情形做了項調查。請你做好心理準備，因為結果很震撼。調查結果出爐，發現有百分之四十點八的民眾，一整年下來，沒有閱讀任何書籍。

是什麼原因讓你提不起一本書呢？

有人說，因為工作太忙。可是閱讀可以是一種娛樂啊！

有人說，因為不再考試了。可是閱讀跟考試無關啊！

有人說，因為找到不動力閱讀。可閱讀是是本能反應啊！

其實，以上都不是你真正的原因。你真正的問題，是不知道該讀什麼，對吧？

我想像著，你走進了書店，迎面而來的是一股文青味。你說，偶爾逛逛書店，挺不錯的。於是你像玩水的孩子，一步步走進知識的大海裡。但沒想到，琳瑯滿目的書，就像撲面而來的浪。打在你身上，你踉蹌，差點站不住。

太久沒閱讀的你，有一種書店之大，竟無容身之所的感慨。從此，你與閱讀分道揚鑣，成為最熟悉的陌生人。

千萬別這麼就放棄了！因為怡慧的新書《用書脫魯的一生閱讀術》，是你知識大海的一座燈塔，向著它游去，你會發現知識的瑰奇。

這本書共有二十篇，每一篇，都是怡慧用書解決孩子困頓的故事。更重要的是，在師生相談甚歡的過程中，她一口氣介紹了十本好書。這筆帳給你算算看，二十篇散文，每篇介紹十本書。也就是說，當你讀完這本書，你就同時吸收兩百本書的精華了啊！

才怪！因為當你抱持這心態，就可惜了這本書了。因為這本書的重點在於，透過閱讀，解決人生問題。如果我是你，我會這麼用這本書：

一、回想你遇到的人生問題

這很重要，因為書是最好的老師。你的人生問題，書裡都有解。怕就怕你不願面對，還假裝堅強。所以，在準備閱讀這本書前，我請你花一分鐘，好好思考最近你遇上了什麼問題。可能你是工作狂，但卻老是被工作追著跑，因為你不懂「時間管理」；可能你很好，但愛情卻老是碰壁，因為你不懂如何「談情說愛」；可能你很內向，導致一站上台就發抖，因為你不懂如何「溝通表達」。好，問題找出來了，病因有了，接下來請你翻開目錄，準備來對症下藥了。

二、仔細閱讀書中脫魯解方箋

帶著問題去讀，你才會帶著答案離開。請你根據遇到的問題，翻到怡慧精心為你準備的脫魯解方箋。你問時間如何管理？怡慧告訴你：「時間是質的追尋。」接著抱了十本好書，一字排開，有《時間管理：先吃掉那隻青蛙》、《最棒的一年》、《時間教會我們的事》。你這才發現，你的問題，別人早就有答案了。就差在你有沒有，去拿它。

三、馬上挑三本書延伸閱讀

《用書脫魯的一生閱讀術》就像迪士尼樂園的導覽，而裡頭提到一本本的好書，就是那些遊樂設施，有旋轉木馬、雲霄飛車、咖啡杯。但重點是，讀完導覽，就代表你玩過迪士尼樂園了嗎？不可能對吧！因為這是怡慧的閱讀體驗，並不是你的。所以在你隨著她動人的文字，翩翩起舞時。別忘了，按圖索驥，把怡慧介紹的書，買三本回來延伸閱讀。只有你親身翻開書頁，你才會了解這座閱讀樂園，有多迷人！

對我而言，怡慧的《用書脫魯的一生閱讀術》，就是人生的使用說明書。她以自己的閱讀實踐，一字一字，給出了真心。而你所要做的，就是翻開它，讓人生豁然開朗。畢竟，沒有到樂園，卻不玩遊樂設施的道理，你說是吧？

自序

閱讀給你脫魯的關鍵素養

如果，大人的存在是解孩子生命之惑，孩子如何無惑而天賦自由？捫心自問：我們是否是一位願意親近閱讀、理解閱讀、愛上閱讀的學習者？在不可思議的ＡＩ年代，二十一世紀的人才需要具備何種能力，才能立於不敗之地？

二〇一九年八月是一〇八課綱正式上路的時間，全新的教育潮流席捲而來，素養導向的學習趨勢成為主流，教學現場的教師以及家長，如何落實「成就每一個孩子：適性揚才、終身學習」的新課綱精神，讓「自發、互動、共好」的核心理念，「自主行動」、「溝通互動」、「社會參與」等三面九項的核心素養，真正出現在臺灣課室，形成美麗的學習風景。

環視置身於課室裡面的孩子們，來自不同族群、性別、思維、態度、價值……如何帶領孩子站在全球化的位置，引導他們成為多元思考、國際理解的世代，找到跨界、跨域的素養，成為一個具有恆毅力、熱情夢想力、自我覺察、自愛自制的學習者。李開復說：「AI來了，有思想的人生，並不會因此黯然失色，因為我們全部的尊嚴，就在於思想。」因此，我們該在意的不是孩子花多少時間學習或複製知識，而是如何讓孩子關心自身實際學會什麼？

未來的生活、職場、人際關係變化快速，運用所學解決問題說起來簡單，如何培養因應未來挑戰的核心素養，我們要搭建哪些應具備的知識、能力、態度（價值）？甚至靠自己找到解決問題的關鍵力，塑造獨一無二的未來。身為一位老師又如何在課室外，培養孩子透過自學力找到自己真正需要的關鍵力，或許是夜讀書寫《用書脫魯的一生閱讀術》的初心。

自學就能讓自己立於不敗之地

「魯蛇」被視為失敗者的代稱，但，失敗的定義又是什麼？高學歷、高薪資、高成就能稱為成功嗎？

一個相信自己有能力改變、甚至能打造奇蹟的人，是不會在意世俗對「魯蛇」設下的既定框架。一如趨勢大師托佛勒預言：「二十一世紀的文盲，不是那些不懂讀寫的人，而是不懂如何學習、如何拋棄所學、重新學習的人。」不懂如何學習或重新學習的人，將在未來的知識時代缺席。願意自學的人，就能讓自己立於不敗之地，他相信，沒有人會是失敗者，如果有閱讀為你提燈。

回首過往的時光長廊，閱讀對人生的支持，幾乎到了無所不能的境界。如果教育做不到的事，可以安心交給閱讀，那麼，閱讀可以為你找到脫魯的人生心法。在青春燦美的時刻，放心閱讀，為自己的人生做足投資，積累情懷與底蘊，閱讀回贈你的，是等比級數的智慧與靈光。用閱讀「脫魯」談的不是成功的教戰手冊，而是讓你擺脫魯蛇心態的心靈雞湯。當學生被我站在課堂的一個身影、說過的一句話，影響過，感動過而回望之際，我企圖用閱讀做到「不負教育不負卿」的雄心豪情。

人生抉擇無所不在，哲學討論的問題亙古不變。當智者蘇格拉底留下「認識自己」的探問，成為我們窮極一生也未竟的議題時，我們是否能在浩瀚書海中，找到更認識自己內在鼓音的奧義呢？「人之所以為人」的價值不是別人給的，是自己創造的。青少年最大的煩惱是如何與人溝通，他們在意同儕的眼光，他們對大家加諸的壓力，火爆衝撞，其實，單純的年歲，只想被理解、被傾聽，只是他們苦於把話好好說到心坎上。一如卡內基說的：一個人的成功，約有百分之十五取決於知識和技能，百分之八十五取決於溝通方式，當智者引光，做好溝通、與人為善，何須煩憂人言可畏的晦澀人情？世界正在翻轉，追求一個更美好、更永續的環境，該怎麼做呢？新課綱要培養孩子參與社會，具有同理心，不只要扎根在地母土，又能放眼全球國際，學校課程雖無法帶領孩子行遍萬里路，卻能讓孩子讓學生領略開卷有益，一如認識聯合國永續發展目標，以心行遍世界，以情同感世情，創造「經濟成長」、「社會進步」、「環境保護」三贏局面！

閱讀搭起「帶著走」的素養能力

有人說，新課綱來臨，如何讓學生能成為終身學習者？我想，無論是學習歷程檔案，抑或是自主學習的十八小時計畫，閱讀教育不是應試教育的一環，它是學生學校教育中拓展學生高層次思維重要的寧靜革命。新課綱八月上路，如何讓學生對一個知識或現象產生好奇、疑問，然後自動從書籍中擷取信息、廣泛理解，藉由多文本閱讀（主題閱讀）統整重要訊息後，重新對知識進行省思評鑑，最後能提出核心問題，並解決問題，這才是讓學生從閱讀自學中體現真正用得到的「核心素養」。

《用書脫魯的一生閱讀術》採用多文本閱讀的概念，透過閱讀處方箋與主題書配對的創思，讓每個時期的你，無論遇到何種生命的亂流，都能找到一本命中注定的書，替你扭轉劣勢，開創新局。

從事閱讀推廣教育多年，我始終相信：人類是天生的學習者，沒有人不愛讀書，只是你還沒「撞」上一本與你說「Hi！」的作者。

如果，你到現在還沒遇見，我期待能讓你邂逅在與書對話的奇緣。

木心說：「能做的事就只是長途跋涉的歸真返璞。如欲相見，我在各種悲喜交集處。」閱讀對於我，就是在悲喜交集處，有哲人智者願意陪我尋找生命的答案，當我淚眼凝噎時……

十二年國教上路的此刻，真心為你捧上這本新書，讓你做好準備，從認識自己、與人溝通、讀懂世界等三個主題，配搭二十個面對未來挑戰的關鍵力，啟發生命的潛能，激發探索世界的好奇，運用多元思辨力，找到愛人愛己的社會行動力。新課綱強調的「素養」不會自動複製到我們的生活情境，因此，每篇文章以打造一個關鍵力為主軸，並於篇末介紹有用、有哏、有情等十本主題書，全書羅列兩百本書，讓你遇到問題，可以按圖索驥，找到解決疑惑的處方箋，以書擘劃自己的人生，以書為自己做決定，你就能勇敢做自己生命的主宰。

新課綱來臨的此刻，別讓閱讀在你我的生活缺席，走進閱讀，就能發現：它無時不在，無所不在，恍如大音希聲、大象無形的哲理，為我們搭起「帶著走」的素養能力。

為你量身打造——用書為生命「脫魯」的三面二十力

以下為這本書三大部分、二十個關鍵力，進行簡單扼要地說明：輯一是「認識自己」，第一篇為孩子「剪不斷、理還亂」的青澀情感，推出談情說愛力的篇章，學校教育不會教你如何談戀愛，但愛神的箭卻無的放矢地射中你，悲傷了，快樂了，你都可以在書中找到好好愛人愛己的素養。第二篇的親情同理力是期待追風少男少女，都能回眸等待父母跟上我們步履的可能。

真正幸福的家庭圖像是陪伴父母慢慢變老，一如年輕時，父母放手讓你高飛的心意。第三篇是夢想創造力，當你一無所有的時候，夢想讓你有勇無懼、奮不顧身地相許而堅持，夢想是走向成功的助力。第四篇是放鬆紓壓力，無論面對升學壓力，抑或是未來職場，你如何放過自己，放下他人，放鬆紓壓力讓為生活衝鋒陷陣的戰士，在文字中找到慢活的步調，反而為人生再創下一次攀越高峰的機會。第五篇是高效學習力，當ＩＱ已不是學習的萬靈丹時，高效學習力讓我們找到學習妙法，培養學習好習慣，建立學習高效率。第六篇是時間管理力，在時間不夠用的時代，若能做好時間管理，每件事就能有效達標，並能從容應變突發的事務。小孩天生好奇，是學習之源，珍貴如黃金，一旦遭扼殺，人生即陷入平庸。第七篇是熱情實踐力，人生履歷表若不標註熱情這條專利，你無法寫下自己的品牌故事，沒熱情就做不成開拓性的事業。第八篇是挫折容忍力，失敗看似困蹇難堪，但人生沒有什麼輸不起的，流下挫折的淚水，讓荒蕪的沙漠，為你的勇敢跨越，靜然地燦開一朵玫瑰來。

認識自己從來就不是簡單的事。我常問身邊的人，每個學習階段結束時，你最期待得到什麼禮物？一束花？它再美也會凋謝；一本書？它再短薄卻可永存，因為書會是你往下一個旅程的祝福。人在成長的歷程，每個時節都別具獨特的風景，從認識自己到全然地做自己，用書「脫魯」，豈不快哉？

輯二是「與人溝通」，第九篇是人生抉擇力，盤點諸多訊息，在人生多個選項裡，憑藉智慧做出慎重的決定，也對選擇負起責任。抉擇是風險管理，更是優勢、劣勢、機會、威脅的全觀決策。第十篇是積極主動力，走進人工智慧的時代，你要拿什麼來告訴世界你是行的？你是萬中選一的人才？縱觀人類歷史的進程，積極主動力是改變的態度，更是翻轉人生的關鍵。第十一篇是多元思辨力，閱讀能打破單一思維的侷限，在瞬息萬變的資訊社會，找到思辨的準度和法度，從是非的叢林中突圍而出，找到真理的所在。

第十二篇是人脈投資力，未來是英雄淡出、團隊勝出的時代，如何設出善良底線，真心待人，讓路人變貴人，靠人際合作奠基未來發展的高度與發現自己獨有的亮度。第十三篇好奇探索力，它能帶你走出舒適圈，勇敢挑戰人生的無限可能，人生既能跨域又能斜槓。第十四篇是藝術美感力，不只能找回身心五感的平衡，也能覺察周遭之善，在美的觸發下覺醒。原來，藝術美感是靜觀即可獲得的能力。

第二輯從認識自己的哲學問題到與人溝通的複雜人際，你不只要關心別人的感受，也得在四季遞嬗中，與環境的人、事、景、物，開展一段有效溝通的閱讀之旅。

輯三是「讀懂世界」，第十五篇是跨域合作力，學問本來就沒有分地域的，若有門戶之見，凡事壁壘分明，就無法成就時代的合作新風景。第十六篇是國際移動力，走讀也是閱讀世界的一種方式，不只開展生命的廣度和深度，更能同理與找到自己的定位。第十七篇是媒體辨識力，在訊息多元的時代，假新聞的亂象，已讓人不懂知的防線在何處，辨識知識的真偽與來源是全球公民必備的素養。第十八篇是利他貢獻力，利他已成地球村的普世價值，透過親身實踐產生人道關懷的效果，更是事半功倍，讓善意在世界流轉不停歇吧！第十九篇是環境適應力，全球移動的時代，環境適應力讓你不畏外在變動而糾結，不只入境隨俗，還能體會無入而不自得的樂趣。第二十篇是溝通表達力，讓別人讀懂你，你理解別人，成為社會參與的首要條件，能從別人的臉色態度，找到恰如其分、不卑不亢的表達，就是有效溝通。

在一個時間怎樣盤點都不夠用的時代，若能善用閱讀力，兩小時就能閱覽別人精彩無比的人生，找到學習的源源活水。

無論身處哪個時代，都能靠閱讀逆襲人生，找到躍起的力量。一如顧城說的：「黑夜給了我黑色的眼睛，我卻用它尋找光明。」在不閱讀的年代，如果，我們能反其道而行，就能在某個迷惘的時刻，以書的微亮尋求到光明的出路，為生命「脫魯」。

目次

輯一

認識自己

01

談情說愛力

好好談戀愛有助於社會穩定！

✓「喜歡一個人會是怎麼樣的心情？」

✓「愛情重要？還是友情重要？」

✓「我想脫單，卻不想要受傷？」

怡慧tips　閱讀讓我們理解愛情、相信愛情，懂得經營愛情。

「問世間，情為何物，直教人生死相許。」

元好問在《摸魚兒．雁丘詞》的人生大問，信然，從古到今，我們都想知道：真正的愛情到底是甚麼模樣？

我們如何理解愛情？如何相信愛情？如何經營愛情？

愛情是元積用「曾經滄海難為水，除卻巫山不是雲。」勾勒而出獨一的情專；還是《上邪》用「山無陵，江水為竭，冬雷震震，夏雨雪，天地合，乃敢與君絕！」模描一份等待的情深；抑或是《詩經．邶風》傳達「死生契闊，與子成說。執子之手，與子偕老。」對於愛情圓滿的企盼。

若從柏拉圖《對話錄》來看，愛所引發的吸引力是如此強烈的，甚至，在物之間形成強而有力的連結，不僅用愛來說明兩人之間的吸引力，更用來說明物體之間的物理運作。依照柏拉圖的說法來思考：每個人都該好好談個戀愛，過著幸福快樂的生活，就能為鞏固社會穩定做出貢獻。

真正的愛情好像不是努力就會有好結果，但是不努力絕不會有好結局。如此錯綜複雜，又讓人飛蛾撲火似的愛情，到底要怎麼談？我們都準備好了嗎？一如張愛玲在〈愛〉說的：

於千萬人之中遇見你要遇見的人。於千萬年之中，時間無涯的荒野裡，沒有早一步，也沒有遲一步，遇上了也只能輕輕地說一句：哦，你也在這裡嗎？

當痛苦與眼淚凝結為美麗愛情的見證，我們真的學會了愛？當傷心與寂寞醞釀成堅貞愛情的信物，我們真的懂得了愛？

讓吵架變得有意義

喜歡和愛是不一樣的，如果你喜歡一朵花，你會摘下它。如果你愛一朵花，你會給它澆水。

——安東尼《這些都是你給我的愛》

「喜歡一個人會是怎麼樣的心情？」我望著為情所困而形銷骨立的學生問著。

「聽著他說話的時刻，就像在做閱讀測驗。」女孩天外飛來一筆地給我一個妙解。

「做閱讀測驗？是因為猜心嗎？」我提出自己的疑惑。

「他總是話中有話，從不給個明確的答案，其實，愛得很曖昧，也愛得很辛苦。」女孩哀怨地說。

「過去，老師總以為：激烈的爭吵意味兩人正處於惡劣的關係。但，根據調查統計的真相是：愛吵架的夫妻不會離婚，和平相處的佳偶分手機率更高！」我想起前幾日讀過的訊息與他分享。

「吵架？會不會弄巧成拙？會不會搞到分手？」女孩膽怯地問。

女孩的表情讓我想起張愛玲說的：「見了他，她變得很低很低，低到塵埃裡。但她心裡是歡喜的，從塵埃裡開出花來。」女孩不該為了這場感情而失去自尊自信，甚至，是愛自己的能力。

「當然不是盲目地吵架，認真地吵架是有意義的。一如《吵架吧！我倆明天會更好》提到：吵架若是處於真心誠意的互動，那會是另類的成長探險。茱蒂絲．萊特博士企圖以擁抱衝突，找到更美好的愛來破除我們對吵架的迷思，提供讀者十五種吵架類型、二十個錯誤認知、七條親密互動守則、六道幸福戰鬥處方，讓彼此為幸福而戰，吵架會讓你們因為知己知彼，愈坦誠溝通，關係愈好，建立彼此的新視野，進而擁有更好的明天。愛一個人不是遷就，而是透過真正的溝通讓自己成為更好的人，而不是只做對方喜歡的人。」我認真地告訴她自己的感受。

相愛，說穿了就是學習信任一個人。愛情發生的剎那，可能是自然而然地因似曾相識而一見鍾情；也可能是心有靈犀而一見如故，如果，因為愛著對方而能變成更好的人，那就是愛情的初衷，即便不得已吵架了，也是因為想相互理解，想找到真心擁抱彼此的機會，攜手並肩地走向實現夢想的遠方。

靜下心去愛，圓滿彼此的關係

他們彼此深信，是瞬間迸發的熱情讓他們相遇。這樣的確定是美麗的，但變幻無常更爲美麗。

——幾米《向左走，向右走》

年輕的孩子們在最美麗的時刻談感情，歷經曖昧不明的忐忑期，對方的一顰一笑，牽動自己的心思，看著學生跟著喜歡的人笑著、哭著，內心感動也焦慮著。

每個人都是愛上了，才開始學著愛人的。愛是人生的練習題，唯有靜心才能不死心；不死心才能不忮不求地試著去愛自己，也愛對方。

就像洪仲清說的：「如果我們想愛一個人，要對方減少防衛，那麼我們自己在心裡堆積的雜亂無章，要先整理乾淨。」如果，我們無法讓自己明白：這段感情的開始是愛，全然無瑕的愛，那麼，我們就會陷入相互牽扯的渾沌，我們的有所求，常常讓每段愛情故事的開始燦爛如花，結尾卻又沉默如土。因為，愛情是生活的一部分，而非全部，當熱情褪去，日常的柴米油鹽醬醋茶，還是必須克服的現實問題。唯有靜心才能感覺對方真正的感受，給予彼此關係更好的觀照，才能攜手度過相愛容易相處難的時期，安然抵達「你的過去我來不及參與，你的未來我陪伴到底」的愛情秘境。

愛情最迷人的地方是帶給彼此成長的機會，可以攜手走完同一條街，在圓滿地繞回自己的世界。談感情應該在輕鬆的氣氛下，讓情與愛自然地流轉，心夠靜，就能體會到對方的心意；心夠靜，就容易原諒自己的錯誤；心夠靜，就能讓愛自由順暢流動。一如洪仲清《靜下心去愛：在靜定中找到自己，也圓滿身邊的關係》提出的：專心過生活，有知有覺地感受，透過靜坐，運動，閱讀，記錄心情，讓愛情一如泰戈爾《思念》說的：「黃昏時的樹影拖得再長也離不了樹根，你無論走多遠也走不出我的心。」靜下心來愛，就能享受沉澱過的優雅情思。

愛他，從聽懂他沒說的開始

愛情是兩個人一起決議的事情，你說願意、他說好，就可以往下走。

——肆一《想念，卻不想見的人》

「老師，我最近被女朋友身邊的三姑六婆給害慘了。」男孩面容枯槁地說。

「堅強的大男孩，面對愛情，不可能那麼容易受傷的呀！」我開玩笑地說。

「老師，我已經說了：身高不是問題；年齡不是壓力，愛就是愛了，這樣還不夠嗎？那些好事者，還是要談斤論兩地說東說西，談戀愛到底關姊妹淘甚麼事？」男孩噙著淚水，深呼一口氣。

「其實愛是很矛盾的，尤其一邊是友情，一邊是愛情，對於青少年來說，還是個抉擇，多害怕同儕笑自己：有了異性就沒有了人性。年輕的時候，可以勇敢地愛著一個人，不管對方的身分、地位、家世背景，那麼純粹的愛，是多麼動人的呀。只是愛情是需要練習的，人生於世，談感情就像在修煉，面對卡關，還是要超越，因為一次又一次的學習，讓我更懂愛情這件事。」我試著安慰男孩。

「當你開始會吃醋，在意，嫉妒，甚至會哭泣、揪心、被虐心……就是真心喜歡一個人。只是對方真的懂你的小宇宙嗎？所以，郭彥麟《男人玻璃心：親愛的，我想明白你》才說：愛裡頭是充滿矛盾的。但也唯有愛，才能包容如此多而難解的矛盾。這本書乍看是替男人寫的書，出發點是要讓女生認識也讀懂男人的玻璃心，同理他哭不出來時，其實內心有委屈無處抒發；感受他輕彈男兒淚時，其實是成熟地與痛苦和解。這本書不僅能讓女生理解男生內心劇場的異想世界，也能讓男人因被讀懂而獲得溫柔的撫慰。我特別喜歡這個觀點：感情裡重要的，或許不是誰照耀著誰，而是彼此的凝視間有足夠的光。讓我能看見你，能夠愛你。」我說完也把這本書交給有著玻璃心卻想好好愛的小男孩。

談場好戀愛，你快樂嗎？

談場好戀愛，必須要角色互位，別讓對方的玻璃心因不被理解而碎裂；談場好戀愛，必須要靜下心來好好愛，才能聽見彼此內在跫音而前行；談場好戀愛，必須要做好溝通，記住，善意的吵架是相愛成長的開始。

身為老師，面對孩子們的千奇百怪的愛情問題，我只能誠懇地說：「不管談不談戀愛，都要快快樂樂的。一個快樂的靈魂才有資格愛人與被愛。」

談戀愛需要正向樂觀的心態，即便爭吵最後也會和平收場；談戀愛需要誠心溝通的態度，即便脾性迥異也能好好相處。

即便遭逢分手風暴，也別捲入「自己是魯蛇」的可怕漩渦裡，誠實面對失戀、輕聲說聲抱歉，用祝你分手快樂畫上愛情的句點。

單身是種選擇，談戀愛也是種選擇。若能找到適合的人愛，就要真心認真地愛了；若是能一個人生活，也要活得精彩、過得漂亮。

一如御姊愛說的：「理性面對、全盤關照、勇於選擇、擬訂策略，不要把自己此時此刻的難關放太大。」是的，不管愛與不愛，每天都想一遍：「我喜歡怎樣的自己？」游走在閱讀和文字的愛情秘境裡，你的愛情旅程，（風景）真的會和別人很不一樣。

推薦書單

《哈囉詩經！不遙遠的歌聲》，蔣勳，財團法人趨勢教育基金會。

《論美，論愛：柏拉圖《費德羅篇》譯註》，柏拉圖，商周。

《泰戈爾詩選　漂鳥集》，泰戈爾，笛藤。

《華麗緣散文集：一九四〇年代》，張愛玲，皇冠。

《此物最相思：古典詩詞的愛情體驗》，張曼娟，麥田。

《吵架吧！我倆明天會更好：深入內心，挖出渴望，讓親密關係再進化》，茱蒂．萊特、鮑伯．萊特，本事。

《靜下心去愛：在靜定中找到自己，也圓滿身邊的關係》，洪仲清，遠流。

《想念，卻不想見的人》，肆一，三采。

《男人玻璃心：親愛的，我想明白你》，郭彥麟，寶瓶。

《超說服心理學：這樣說，99％的人都會聽你的；50種表達關鍵句，讓人不知不覺答應你！》，神岡真司，采實文化。

02

親情同理力

以青春為釀，陪父母一起變老

- ✓「每天都在我的書包塞水果盒，搞得我對水果沒好感。」
- ✓「我的 IG 已經封鎖爸媽了，竟然還辦個假帳號來加我。」
- ✓「每次不自拍，硬要合拍團照，加擺個 YA 的老人動作。」

怡慧 tips　閱讀讓我們跨代凝視親情，封裝父母的生命風景。

青春期的孩子受荷爾蒙影響，前額葉尚未成熟，大腦被杏仁核「綁架」，甚至因為神經迴路對多巴胺利用率升高之故，容易情緒高漲，也容易自我感覺良好。所以親子衝突上演機率頗高。但是聽見學生當著我的面，對父母大放厥詞不顧父母情面，甚至一竿子打翻父母的用心良苦，也讓人對這般情景有點氣餒。

不過，丹尼爾．席格《青春，一場腦內旋風：「第七感練習」，迎向機會與挑戰！》提醒：立於世界之巔的青少年，喜歡求新求變、對於同儕社交參與度高，特有的快人快語與神邏輯，若大人能以積極正向的眼光看待，啟動更多心靈對話的可能，就能喚醒青少年的內在正向力。

斷斷的親情絲線如何再接繫一起？

當公視改拍《你的孩子不是你的孩子》為電視劇時，學生開始來與我對談：書中九個震撼人心的故事，父母漠視考試扼殺自己的創意，虎媽、虎爸的教養不只無效，反讓他們多次想離家出走……孩子的悲憤與不滿，讓我開始思考兩代之間，有沒有更好的溝通與同理，能幫助他們找回互凝相愛的初衷。家庭不只有藏著光怪陸離的故事，更多的是家人成為我們永遠的支持，但是父母與青少年之間，的確存在兩代相處的鴻溝。一如在動畫片《東京教父》看到：親情似乎是每一場逃跑當中，最優先被選擇不帶走的包裹，電影《楢山節考》古日本的「棄老文化」，也成為敘寫摯愛間，親情不可承受之重。

每個父母都是當父母之後才開始學習的，世間沒有完美的父母，只有相互同理的親人。我們來不及參與父母的年代，他們卻給了我們意氣風發的歲月，當他們試著用蹣跚的步履，急切地往我們跑來，我們給過機會回身走向他們嗎？人生有些事，就是不能蹉跎，就像親情。是怎樣的人生澈悟，讓龍應台返鄉陪伴年邁的母親，以十九封信向母親的年代致上最深的感恩。

《天長地久：給美君的信》有溫柔的告白、沉痛的醒悟，龍應台寫給母親美君的文字，觸動世代血濃於水的依戀與不捨。當我讀到：「原來所謂永遠的訣別，並不是只有死亡才叫做訣別或者永別。」當我們在父母需要的時刻缺席，錯過的是向他們真心道謝的機會。年輕的靈魂只想義無反顧地為理想馳騁，我們從未回望父母思念過我們的身影，我們是否該讓時光慢下來，用青春醞釀一段相互理解、彼此傾訴的時光，喚它為愛的親情流光。

歲月罅縫透出親情的光

小時候，母親只要到廟宇進香祈福，總會點幾縷清香，虔誠地跪在菩薩面前為我祈求著：只願女兒能現世安穩、歲月靜好。念完禱詞後，還會恭謹地叩上三個響頭。一如周芬伶《絕美》在〈寫信的母親〉說的：自己看著母親的信總會鼻酸。鼻酸是想起了什麼？父母在我們的生命烙印過什麼愛的誓言？

而我呢？年歲漸長，已能同理母親愛女之心，只要想起母親的禱詞也會鼻酸。

年輕的她為何會願意認命地獨扛生活的勞碌，自嘗生活顛沛流離的苦澀，只祈願兒女平順安穩，直到我讀到林婉珍《往事浮光》說：「對於許多往事，原本早就已經淡忘，也早就不去想了，但這八十多年來的人生起伏……我想，也是時候可以來談談我的版本了……。」一位傳統女性在情愛中因擁有而喜悅；因失去而回憶。文字帶來生命的吉光片羽，身為讀者，舉重若輕地看清愛情的本質：因為愛過，所以慈悲；因為懂得，所以寬容。母親承受過感情的變故，經歷過人言的可畏的世道，卻從未把滄桑悲痛復刻到我的生命系譜。縮衣節食，就是要讓我學琴；多打一份零工，就是要讓我習畫，身為母親早已忘記自己，想的都是兒女的前程與幸福。

晦澀的青春期，我自卑過、自棄過，母親鼓勵我在文字中找自信心和成就感。她的陪伴讓我養成閱讀與書寫的習慣，終能望見生活的一抹燦光，迎著我前行。每次作品上報、得獎，她就像個忠實的粉絲一樣，認真剪報、逐張護貝，一件件收在箱篋中井然有序。一如周芬伶說的：「我很幸運地選擇了文字工作……最誠實簡樸的句子要留給母親，最純潔善良的心境要還給母親。」

是呀！從歲月的罅縫透出的光映照出真摯的母女情緣，是此生最動人美好的相遇。

親情是生命清單之必要

羅莉．奈爾森．史皮曼《生命清單》以主角母親罹癌驟逝的情節製造懸疑，布芮特人生為何一夕轉變？深愛女兒的母親為何要把所有的遺物都留給哥嫂？為何要刻意為難自己心愛的女兒，以愛為名強迫女兒必須完成清單上十件事的挑戰呢？

《生命清單》的書封呈現暖色調，以鳥和燙金的綿綿雨絲為象徵，暗示著讀者：主角未來會在如霧似幻、枝葉分歧的迷林中找到方向……

原來，母親把她國二時所書寫的夢想單收藏起來。在母女相伴同行的時光，她每替女兒完成的一個細項，就如實地打勾做紀錄。母親死後，精心安排十件事，引領自己的女兒突破慣有的思考盲點，重新審視自己人生目標，讓她從生命清單拂去失親的悲傷，找到為自己而活的力量，甚至尋回、守護她一生一世的男子，幸福度日。一如《以愛告別：母親教我的30個人生課題》分享的：生命總會走向終點，但親人的精神和愛卻可以長存。原來，在每個人充滿愛和深情的回憶錄裡，生命清單中必選的選項是親情，它是必要又恆常不變的世代依戀呀！

你看過媽媽的悔過書？

一位母親的真心懺悔、真情告白，一位校長媽媽與子女跌跌撞撞、撼動人心的真實故事：十年前，風光的家庭如今變成人間地獄，母親在事業上的榮光，瞬間被拒絕學習，選擇耍廢的兒女打敗。李柳南是教父母怎麼教育孩子的作家，現實生活卻與用心栽培的孩子形同陌路，彼此憎恨。她甚至絕望地想：「乾脆把兩個孩子殺掉，再自殺算了……。」叩問每個變調的家庭，到底誰該負責？作者爬梳自己與子女的關係，在退一步悔過的歷程中，傾聽家人間如何愛與被愛的跫音，努力修補的關係，用心平復緊張的對立；在人生難以抉擇的關鍵時刻，親情永遠是放在心坎上的唯一，每闔上一次頁扉，心情就震動一次，回溯作家的過往記憶，就像洋蔥層層交疊，每剝掉一層，就讓人淚流滿面一次，《媽媽的悔過書》彷彿為每個家庭提燈，親情是念念不忘，必有迴響，即便衝突帶來焦慮，愛是唯一的解藥。

爸爸，男人溫柔的名字

一位至情至性的哲學系教授，寫給女兒大學入學前的暖心文，不只媲美麥克阿瑟《為子祈禱文》，讓我發現：爸爸原來是男人的溫柔名字。父親願意給女兒一個合理離家的理由，給學生一個知識叛逃的可能，自由思辨的生命選項，是父親送給女兒最可貴的生命資產。林從一《最值得過的人生：哲學爸爸給女兒的大學禮物》用文字跨越世代思考世界的距離，找到共同的價值。不說教，以文字支持女兒獨立生活，勇敢迎接未來人生的挑戰，他要女兒跳脫初階思考，更要不只是運用所學推衍思考建構批判式思維，透過理性推理，選擇立場。期許女兒保有「好奇」與「熱情」，從以自然為師到尋找自己內在的聲音，我們都應該是生命的覺察者。面對選擇、行旅人生，愛情、離別、快樂、悲傷、敵人、父母，金錢、性、死亡與重生，都要當作是上天送給我們的生命禮物，端看我們如何以哲學角度學習與反思，用生命的溫度為熨燙傷痕，成為能解決問題的思考者。

當父母傾盡一生情分給了子女，子女是否也同理親情是珍貴的禮物，把每個年邁的父母捧在手心，一如我在郭強生《我將前往的遠方》動人的記憶書寫中，看見他與失智的父親和解的故事，原來，關於父母與子女之間的情分是以青春為釀，陪伴父母一起變老的許諾，讓我們重新學習再當回「未完」的彼此，讓美好的親情不斷回轉……。

推薦書單

《青春，一場腦內旋風：「第七感練習」，迎向機會與挑戰！》，丹尼爾．席格，大好書屋。

《你的孩子不是你的孩子》，吳曉樂，網路與書。

《天長地久：給美君的信》，龍應台，天下雜誌。

《以愛告別：母親教我的30個人生課題》，史考特．西蒙，大好書屋。

《生命清單》，羅莉．奈爾森．史皮曼，悅知文化。

《絕美》，周芬伶，九歌。

《往事浮光》，林婉珍，皇冠。

《最值得過的人生：哲學爸爸給女兒的大學禮物》，林從一，平安文化。

《媽媽的悔過書：我是最成功的老師，卻是最失敗的母親，一位校長媽媽沉痛的真實自白》，李柳南，采實文化。

《我將前往的遠方》，郭強生，天下文化。

03

夢想創造力

埋首學測的年輕靈魂

✓「夢想是不是很不切實際的形容？」

✓「我沒有信心，可以堅持走在夢想的路上。」

✓「如何可以兼顧夢想與現實？」

怡慧tips　閱讀讓你有了目標，畫出一張漂亮的夢想金字塔。

春季捎來詩情畫意的氣息，孩子困在考卷的分數競逐，愁眉苦顏著，連櫻花樹開滿樹頭的繽紛勝景都沒發現。

「今天我們改變一下生活的步調好嗎？要不要陪我去賞櫻，校園好幾株櫻花樹綻放了，香味淡雅迷人哦！……」我試探性地問著。

「老師，最近壓力很大嗎？怎會突然想找我們欣賞落英繽紛的風雅……」女孩放下手上寫滿密密麻麻公式的紙張，貼心地問著我。

「壓力一直都有，苦悶也一直都有，一如廚川白村所說：文學是苦悶的象徵，文學老師若沒有一點離人騷客的惆悵感，怎能把文學家遭逢困蹇的哀悶、懊惱的情緒說得恰如其分呢？又怎能讓你們體會到文字的確能轉變心境、改變態度，進而翻轉人生呢？……」我感性地說著。

「是怎樣厲害的書，讓老師看起來很不一樣？」小女孩好奇地問。

為夢想出征

「美國詩人羅伯特・佛洛斯特（Robert Frost）所說的：林中有兩條路，我選了人煙稀少的那一條。夢想讓人內心洶湧澎湃，熱情竄入胸臆，原來，只要相信自己，帶著創意前進，在前往夢想的路上，就能望見最棒的風景！」

「我們都知道：舉世皆濁時，不能同流合汙；舉世皆醉時，更不能酩酊大醉。真正身體力行，卻困難重重！每天上課超過十小時，學測科科要考、要讀。現實並不會因我們微不足道的改變，就能支持我們找到轉變人生的夢想呀！」女孩有些疑惑地說。

「身為女性的潔西卡獨自創辦 Kiva 網路平台，當時，她沒有任何商業或投資的概念，相信愛與夢想能改變貧窮，並以全球觀點來思考：如何讓資助貧窮和創業結合，靠夢想創造力讓貧者有尊嚴地翻轉自己的人生，深深震撼我……她協助許多人脫貧，這些歷程被寫成感人的夢想創造故事。夢想不是複製他人成功經驗，而是勇敢地不向現實妥協；胸懷大志地朝夢想前進，自信地做自己。再從《為自己出征》提到的情節，當懦弱的心跟著武士行旅，一場又一場的自我追尋，一次又一次的修練，擺脫眾聲喧囂的干擾，讓懸宕徬徨的靈魂，傾聽到內在的鼓音，找到愛自己、愛別人的方法，也能走在夢想的路上……」我熱血地說著。

「你忘記了嗎？那天學校邀請倒立先生黃明正來學校演講時，你不是崇拜著他靠倒立的天賦和高超的攝影技巧，拍出臺灣地景的感動，寫出年輕人撼動世界的故事嗎？你不是也跟著他喊著：沒有不可能，只要你願意！那麼快就沒力地遺忘這些感動了嗎……」男孩眼神澄澈地說著。

夢想乘著創意的羽翼飛行

「孩子們，你知道嗎？如果我們放棄了，這個世界就少一個願意相信愛與夢想的人了，《貧窮、金錢、愛》告訴我們：一筆小額貸款能讓烏干達的派屈克可以靠腳下的泥土燒製泥磚圓夢；能讓凱瑟琳能到遙遠的維多利亞湖邊，向漁人直接買回鮮魚到村子販售；能讓坦尚尼亞的卜萊辛的小雜貨店成為村莊最受歡迎的夢想之地；能讓巴西里約的萊拉和琪卡擁有一家能讓每個人美麗漂亮的美髮沙龍……每一則故事都讓我反省：未來，我到底想往哪裡走？我想如何圓夢？我如何讓夢想成真？我們可以一起堅持下去嗎？」我誠懇地問著他們。

創造夢想的策畫師

《別讓世界定義你》告訴我們：你們活在最黑暗也是最光明的時代。你們不是厭世代，更不是青貧族，別讓世界定義你，只要掌握未來時代的趨勢，把過往的痛苦或挫折轉化成正能量，前往夢想的每一步看似艱辛，卻因夢想而偉大。曾被教育體制放棄、被世界辜負過的何則文，憑藉永不服輸的頑強意志，盤點自己的資源，用科學方法找到快樂，勇敢活出夢想的可能！

畢業後，進入全球五百強企業，不到一年成為最年輕的主管，甚至是斜槓出百萬流量的知名人氣專欄作家，憑靠自己的努力，步步翻轉人生，成為眾多青年圓夢創業的人生導師！如何定義自己，就是他成功的秘密心法。

「我曾在《今天》讀到：五歲女孩凱瑟琳都能化身蚊帳大使，解救非洲孩子免於瘧疾之苦了，十六歲的我們還在等什麼，是不是？如果，我永遠都在煩惱：臺灣不是美國，這個大環境會支持我們變成另一個潔西卡或凱瑟琳嗎？夢想永遠都會是一個遙遙無期的空想。所以，我不再害怕，我希望可以一步步往國際志工這條路去努力。」女孩的眼神閃爍著希望的光芒，美麗又閃亮。

從普林斯頓大學返回臺灣，她在《出走，是為了回家》提到：在臺灣，孩子的出身決定他們的未來。臺灣正面臨嚴重的教育不平等，孩子的教育成就與他的社經條件高度相關。劉安婷憑藉知識翻身的想法，帶著一群有夢想的臺灣的年輕人走入偏鄉，重視教育均等，把生命最美好的時光奉獻給偏鄉教育，帶起每個孩子。ＩＯＨ創辦人莊智超用三十分鐘讓全世界看見臺灣的美好，也用他的志氣和勇氣告訴年輕人：慣有的價值被破碎了，我們才有成長的可能，我們都可以靠自己的力量，捲起袖子打拚，讓臺灣的未來變得更好。當何培鈞回到自己的故鄉，把竹山的古宅民宿「天空的院子」，變成一間最夯的熱門民宿時，他企圖創辦「小鎮文創」結合竹山小鎮的各種在地特產、商家、人才，讓臺灣年輕人如鮭魚洄游，開始返鄉服務，為母土奉獻所學，根留故鄉……他們求的不是升職加薪的人生，在夢想創造力的時代，他們畫出自己的夢想金字塔找到健康、人格、學習、休閒、家庭、社會、工作、財務，樣樣平衡的夢想之途。

夢想需要被賞識與珍惜

赫拉巴爾《過於喧囂的孤獨》把小說場景設定在人人嫌棄的廢紙廠，它是夢想創造地，因此成為男主角的人間天堂。他每天閱讀著別人不要的書或廢紙，不只無形中增加了許多的知識，還在這個被大家鄙夷嫌惡的空間，他靠對知識的渴望，搶救許多快變成無用廢紙的經典好書……夢想存在的價值和書的處境很相似，都需要被人支持與賞識，都需要堅定的信念去完成……」

年輕的時候，願意相信自己，相信愛與夢想，勇敢出走，江孟芝在《不認輸的骨氣：從偏鄉到紐約》展現一位屏東女孩為夢想而活的奮起故事，若不是在前往夢想的路上，人生只是在浪費而已。從國境之南勇闖世界，只要不服輸，每個人都能把一手壞牌打好，每個平凡的靈魂，只要學會逆境哲學，最後都能擁有不凡的真實力量！

謝謝年輕有夢想的孩子們把自己的圓夢經歷書寫下來，讓這些文字承載著對應我們人生的力量。因為夢想創造力，凝聚許多相信改變的新興力量，把臺灣曾被忽略的美好，用夢想和創造來注入活力的養分，同時也顛覆傳統價值的窠臼，讓臺灣的與眾不同開始被全世界看見。

一群夢想年輕人的聚集，讓臺灣走向創造，有了羽化重生、美麗蛻變的種種可能。一如三毛在《撒哈拉歲月》寫到：「每想你一次，天上飄落一粒沙，從此形成了撒哈拉。」每見到心愛的孩子一次，心中就出現一本書影，書影也為我們打造一個閱讀的夢想天堂。三毛是用夢想看待愛情的，一如我是用夢想想像閱讀的。

推薦書單

《貧窮、金錢、愛：用最少的資源達到最大成就，把創業精神當成改變世界的力量》，潔西卡．賈克莉，果力文化。

《告訴世界我是誰：倒立先生黃明正的夢想拼圖》，黃明正，遠流。

《今天：366天，每天打開一道門》，郝廣才，格林文化。

《出走，是為了回家：普林斯頓成長之路》，劉安婷，天下文化。

《有種生活風格，叫小鎮：天空的院子：翻轉地方的夢想、信念、價值》，何培鈞，天下文化。

《別讓世界定義你：用5個新眼光開始企畫屬於你的勝利人生》，何則文，遠流。

《為自己出征》，Robert Fisher，方智。

《過於喧囂的孤獨》，Bohumil Hrabal，大塊文化。

《不認輸的骨氣：從偏鄉到紐約，一個屏東女孩勇闖世界的逆境哲學》，江孟芝，平裝本。

《撒哈拉歲月》，三毛，皇冠。

04

放鬆紓壓力

生活好比失速列車嗎？

✓「工作好忙，壓力好大，可以好好休息放鬆嗎？」

✓「看不到我的未來在哪裡？」

✓「一成不變的生活讓人覺得好累，我可以留點空間給自己？」

怡慧tips　閱讀是最好的充電方式，它帶來幸福的情緒。

當生活陷入緊繃時刻，閱讀能讓身心靈好好放鬆，許多成功的人物都告訴我們：閱讀是最好的充電方式，不管賦閒在家，抑或是訪友行旅，身邊隨時帶本好書，不只可以放鬆紓壓，排遣寂寞的時光，也帶給內在盈滿的幸福。一如李崇建《薩提爾的對話練習》，要我們循著冰山的脈絡與模式，了解內在，透過深刻對話，懂得和家人朋友如何相處、自處，在關係探索裡，透過對話改善彼此關係，開啟自己與他人深刻相處的契機。

放輕鬆，你值得更好的人生

進入大數據時代，你需要系統思考的邏輯力，幫助你更省力的處理訊息。《康乃爾最經典的思考邏輯課》提到：我們經常在思考邏輯上會犯六種謬誤：一是無中生有地對隨機資料造成解讀的錯誤。二是過度地推論，對不完整資料造成判斷誤解。三是預設立場以致於對模糊資料造成評估偏頗。四是用期盼的眼光，對認知造成動機評價。五是以訛傳訛，對二手資訊製造偏誤效應。六是因認同想像而導致對想法一致的現象，造成過度評估。當大腦被工作、人際、知識等爆量的訊息擠得滿滿的，若能趁著閱讀的時刻，找到放鬆的最高休息法，就能讓自己能自由地閱讀，找到心靈深呼吸的可能。

《都是大腦搞的鬼》以淺顯易懂的腦科學研究報告告訴我們：生活中諸多的騙局，都是透過訊息的傳遞，流於無意識的資訊處理，讓我們沒有空間深入思考，因而落入大腦被制約後，落入思考的圈套與騙局裡。因此我們焦慮、不安，我們誤判形勢，只要讓大腦活絡起來，在眼見不一定為憑的時代，善用思考邏輯，你就能放心解決問題，輕鬆面對壓力，獲得更好的人生。

曠野聲音的召喚，重返自然的世界

面對職務轉換，惶惶恐恐之際，好友推薦我閱讀《曠野的聲音》。他告訴我：或許，女醫生瑪洛．摩根的故事，可以帶來內在的啟發與暗示。走向曠野前，我們都習慣文明生活帶來的生活便利。因緣際會，讓女醫生與澳洲原住民展開徒步行旅的四個多月的生活。生活不過是自然地與人、與事、與物互動，從互動找到相對應的關係。如果，你移轉過疼痛的經驗，你才有機會嘗到忍耐的滋味。當作者把真實的生活經驗，以小說形式出版時，書寫彷彿不是全然相信的過程，而是透過文字的爬梳、思辨、澄清，找到自我認同的價值。

走向曠野自然的歲月，人竟然可以這樣一無所有地生活，而且過得這麼滿足自在，尋凡生活的簡易，顛覆習以為常的思維。

謝哲青《因為尋找，所以看見：一個人的朝聖之路》提到，在踏上「聖雅各之路」後，才發現這場旅程：不只是千年古道的朝聖之旅，更是探索真實、回顧過去、尋求方向、探尋未知的一部靈魂放遊的尋探。或許，此生我們都在行旅中學習與孤獨相處，回望曾被自己遺忘的人與事和物，從閱讀、旅行的儀式，試圖和內在對話與自己和解，原來閱讀旅行亦是生命放鬆紓壓療癒一種方式。聽自己內在的鼓音，誠實面對自己的感覺，就能找到樸實無華的前進力量，許多看似難解的人生答案，似乎在前進的腳步中熠熠而顯。

重溫生命的暖度

當我面臨朋友無情背叛，悽悽冷冷之際，恩師用小說《冰點》開啟我對人性善與惡，憎恨與寬容，陽光與黑暗的不同思考。很多價值常常不是二元對立的：陽光單純的陽子，滿腹怨念的夏枝，悲劇肇端的啟造，到底誰是悲劇情節中最大的犧牲者？人情存在的冰點帶給他們重新審視人生的意義，而複雜糾葛的原罪又從何開始？當夏枝報復的手段越兇殘時，我所思索的是，卸下恨的源頭是愛，但墮入黑暗深淵的人，又如何讓她能看見光、尋到愛呢？

我曾問自己：遇到挫折的陽子，如果能在需要某種程度上，好好地被同理，最後的結局是不是無需如此悲情與決絕？一直扮演正向力量的陽子，其實可以只當可以哭泣、可以軟弱、可以難過，偶爾怨懟、發牢騷的普通人。

這本書影響自己在輔導學生時，習慣傾聽他們的心聲，接受他們的負能量，包容他們偶爾可以任性、叛逆。犯錯其實也是可喜的經驗，跌跤也是有意義的學習，只要，我們明白，痛的領悟帶給生命的淬礪，爆表的壓力，因我們的善意就能緩和情緒的起伏。

望見自己的責任

教師這份工作，肩上要扛的責任太沉重，要走的路太迢遠，有時候，生活又跌跌撞撞的，人情又浮浮沉沉的，未來彷彿看不到光。心有靈犀的學生輕巧地放置一本又吉直樹的《火花》在我的案頭。我猜，學生是不是想鼓勵我：即使自己的力量微乎其微，也不要放棄改變世界的豪情。

又吉直樹在演藝圈奮鬥那麼久，現在才初嘗走紅滋味，不只藝人變文學家，這本小說還榮獲芥川賞。搞笑藝人想帶給觀眾歡樂，讓靜默的人生有笑聲點綴；教育工作何嘗不是如此，期待在闃闇的世界，替孩子點一盞微光亮……

又吉直樹語重心長說：「活著，本身就是件累人的事，希望這本書也能成為大家對生活感到疲倦時的救贖。」文字傳達一種信念：走在夢想的路上，即便孤獨，也要堅持走遠它，只有相信自己是傻子的人，才有機會把事情做好。文字帶來療癒的活水，相信生命的本質，看見自己的責任，讓自己找回熱愛生命的火花，解壓的自己，找回正能量，繼續擘畫（湛藍）人生的蒼穹吧！

往上摘下更高的果子

如果，我們想要望見迥異的人生風景，何必害怕繞條遠路？又何必擔慮被當成傻子？簡單的初衷、澄澈的初心，以職人精神為自己的生命而戰，我們需要的是義無反顧的膽識與勇氣。

身為臺灣的一份子，你不能不知道母土的這些、那些。臺灣的優勢與弱勢，都是提供我們奠基土地，接軌世界的一項能力。顏擇雅創辦雅言出版社，出版的書籍本本暢銷，提出的議題有深度地讓我們進行系統性的思辨。范仲淹若是先天下之憂而憂，後天下之樂而樂的哲人情懷，那麼，《最低的水果摘完之後》這本書會讓你誠實面對臺灣的處境，原來，只要願意靜下心思考，任何困難都是可以解決的。我們不要悲觀地看衰自己，也不要自我感覺良好地無視臺灣的困境。顏擇雅的理性筆調，讓我們思考從自己生活的失速到臺灣經濟轉型與學用落差，ＡＩ人工智慧的時代，我們應該找到自己的優勢，往上攀到高處去摘果子，而不是在低處用完自己的優勢，原來真正的放鬆是面對問題，找到解決問題的智慧。

找回快樂的自己

邁入某個年紀之後，常常滿載疲勞困頓、迷惘忙亂的情緒。每個雲淡風輕故事的背後，藏著一顆支離破碎過的心；裝著萬般無奈後的情！家人推薦我閱讀 new age 系列的書籍，讓我找到自我療癒的三部曲：安靜、對話、閱讀與書寫，安靜的力量，就在生命的系譜隱然成形，慢慢找回快樂的自己。

其中，以《聖境預言書》改變自己心性最多。曾在自傲的圈圈中踉蹌、自卑的框框裡匍匐；困住自己，無法跨越的永遠是自傲、自卑的心。我跟著書中的主角，在祕魯熱帶雨林的一座古文明廢墟，從一本古老的秘笈出發修練，每一階段蘊藏著一個天機，一階段、一階段的自我修持與自我探詢，照見心靈深處的幽微；學習彎腰謙卑的身影。

九個階段，不同隱喻的故事，描寫面對困難，面對挫折，靜下心來，放空，破除我見，如何透過理性思維，做到「覺悟」的結果，通過種種考驗，讓自己變得快樂，甚至讓心智變得堅韌不摧，找到豁然開朗縈繞於胸懷的清明與暢快。

在忠實地記錄自己閱讀的流光中，走入許多智者的日常生活，遇見真實上演的美麗風景。漂流在文字海域中，任憑眼睛，耳朵，與心靈的潮汐互感，找到日日閱讀的節奏，無閱不歡；愛上文字席捲的生命感動，無閱不樂，壓力似乎也在文字的洗滌下消逝。

孤獨又燦爛的神

這幾年，工作的忙碌，很少追「劇」，在心情低落的夜晚，遙控器轉呀轉的，「鬼怪」晃入眼簾，彷彿救贖快溺斃的性靈，真正讓自己走近戲劇的場景與對話，或許是某一個心情或遭遇的投射：「把今天當作最後一天，每一刻都拚命去愛、去生活。」

我們正活得「孤單又燦爛」，起伏跌宕的人生，偶爾燦爛如煙花，偶爾孤獨如落葉，但我們都相信美好的時刻，都曾經溫柔地為我們停留過。看完劇的彩蛋加碼是，到書店找書閱讀。作者以文字提醒自己是忽略的細節：「自己的人生該由自己決定，明明是我的記憶、我的人生，為什麼是由神來決定呢！」

細膩的情節點播，再次重讀、重溫，生命重新啟程：原來，跟你在一起的時光都很耀眼，因為天氣好，因為天氣不好，因為天氣剛剛好。每一天，都很美好。和自己喜歡的人在一起，原來超級紓壓的。

我之所以相信閱讀，信仰閱讀，很大的原因是：在傳統與創新、變與不變之間，因為大量閱讀，避免偏見與我執，看似失速的生活步調，邂逅一本又一本的好書，照映自己蒙塵的心靈，帶來生命絢麗的曙光。

推薦書單

- **《薩提爾的對話練習》**，李崇建，親子天下。
- **《康乃爾最經典的思考邏輯課：大數據時代，你一定要避開的自以為是》**，湯瑪斯・吉洛維奇，先覺。
- **《都是大腦搞的鬼：KO生活大騙局，揭露行銷詭計、掌握社交秘技、搶得職場勝利》**，謝伯讓，時報出版。
- **《曠野的聲音》**，瑪洛・摩根，智庫。
- **《因為尋找，所以看見：一個人的朝聖之路》**，謝哲青，時報出版。
- **《冰點》**，三浦綾子，麥田。
- **《火花》**，又吉直樹，三采。
- **《最低的水果摘完之後》**，顏擇雅，天下雜誌。
- **《聖境預言書》**，James Redfield，遠流。
- **《孤獨又燦爛的神：鬼怪》**，金洙蓮／小說、金銀淑／劇本，印刻。

05

高效學習力

學生說不想再廢下去了？

✓「花了許多時間念書，但考試成績還是不理想……」

✓「有沒有什麼好撇步，能讓學習更有效率？」

✓「要念的書這麼多，連睡眠時間都不夠，聰明的人都是怎麼看書？」

怡慧tips　聰明閱讀法是，我在包裡放本書，隨時隨地可閱讀。

「老師，一早起來才發現：作業沒寫、考試範圍沒念……」

「老師，到學校才發現：用具沒帶、聯絡單沒請父母簽名……」

「老師，在捷運上才發現：穿錯衣服、還有，連餐盒都沒帶……」

「老師，該怎麼辦？難道人生就這樣廢下去嗎？」

學生連珠炮地說出自己放假後在學習上常犯的錯誤，無助地提出求救，愁雲慘霧的表情，挺讓人心疼的。

「沒想到，放完假，你們一個個都變成問題寶寶了。看來還是把我的秘密武器拿出來好了……」一面幽默地說著，一面打開紙袋，拿出一本《每天最重要的2小時》。

「如果，書名不是騙人的，倒是很適合一天只想用功讀書兩小時的我……」小男孩古靈精怪地說。

「書名聽來很聳動吧！剛開始，我和你一樣，誤以為看完後，一天只要工作兩小時就好。其實，喬許．戴維斯提醒我們：人體不是電腦，要好好檢視自己的心理與生理，找出一天有幾個小時能處於身心高效能的狀態，善用專注力，讓自己能提高效率完成許多困難工作。還有，打造對自己有益的工作環境提高工作效能，同時要善待自己的身體，選擇適當的飲食，幫助自己盡快恢復充沛的體力，找出下一個、再下一個重要的黃金二小時。」我打趣地說。

小男孩聽完點點頭，把這本書緊緊地握在手上，臉上浮現如獲至寶似的神情。

以「十分鐘」為單位

「如果，你們覺得二小時還是太長，這本《1分鐘超強記憶法》是一百三十萬人見證的好書，應該也很吸引你們吧！石井貴士博士只教讀者記憶的方法，不談深奧的理論，讓我們能掌握短期、長期、單純、影像記憶等四種技巧，擺脫常因緊張說不出話來的窘境。現代人很需要靠溝通表達自己的看法，如何在最短的時間展現不可思議的記憶力，讓發表的內容精簡扼要的呈現，這本書能開展記憶超強的潛能。」簡單與學生分享，孩子們開始翻起書來。

「老師，有沒有什麼好點子，能讓學習事半功倍？」

「老師，有沒有什麼好方法，能讓成績節節高升？」

「老師，有沒有什麼好撇步，能讓學習更有效率？」

一位功課很好的小男孩酷酷地問了這三個問題。

「走向書桌前，先改變對讀書的成見，池田潤要我們掌握讀書的本質——真學習，而不是假讀書。讀書不能講究『形式』，而是找到真正目標，讓身體產生自發性想讀書的動機，以『十分鐘』為單位，時間切割得精細，反能掌握單位時間，完成階段性讀書目標。記住把握睡前、用餐、上廁所等三個黃金時間，複習好『心中真正目標』。《資優生不熬夜！搶進名校的精準學習法》把所有頂尖資優生如何做時間管理、做筆記、應考的訣竅告訴你。利用速度、周密、清晰三大原則做筆記，只要用對方法，書都可以讀完、讀好。精準管理好自己的時間與思緒就能提前完成表定的行事曆，讓讀書的時間變少，學習成效依然長紅。即便我們不是資優生，若善用策略、讀書法，做好時間的主人，也能讓人生過得有效率、有品質。」我認真地與孩子說明。

做筆記是學習的關鍵

「老師，最近讀書時間常延遲，導致睡眠時間不足，成績直直落……」小女孩帶著熊貓眼難過地說。

「說真的，做筆記真的是學習的關鍵。《五位臺大生教你這樣做筆記》這本書是教大家做筆記與學習，而不是要上名校。內容摘錄五位上臺大的學生做筆記的技巧，公開他們筆記的原貌，讓我們找到筆記學習的秘訣：什麼時候該畫表格？如何運用系統思考畫出主題樹狀圖？面對問題來了，如何有效地運用閱讀便利貼？如何透過圖像思考輔助學習？讓你讀起書來更事半功倍。」指出書中的幾個頁扉和孩子分享。

「老師，是不是每個成功者都有不為人知的秘密？」小女孩疑惑地問。

「沒錯，《為什麼菁英都是清單控？》中提到：瑪丹娜、瑪莎·史都華、約翰·藍儂、富蘭克林、達文西，以及歐普拉，這些不同時代、不同領域的成功者，都是清單式思考的「清單控」。他們習慣把該做、想做的事，變成可快速瀏覽、方便執行的清單，透過清單精確掌握時間管理，即使身兼數職，仍優雅行事、不疾不徐……其中家人情感清單、人生願望清單的篇章寫來特別動人。」說完後，把一張白紙拿出來，讓學生試著列舉願望清單，一起ＰＫ誰能在最短的時間實現許下的諾言。

我在包裡放本書

「老師曾和我們分享《我在包裡放本書》，不知道老師有沒有身體力行，在包包也放一本書？」孩子逗趣地逼問著。

「老師目前的包包內放的是《三個小承諾，預約更好的自己》，這本書是以小故事開始書寫，能善用五十二個小舉動，啟動「正向開關」，再把三個小承諾落實於生活中，讓我們每天的學習與心境都能煥然一新。另一本是《精準學習》，他提到：知識是無窮盡的，人的智慧卻有限。作者教會我們精準有效的學習法，建立自己完整的學習系譜，將知識變成自己的資產。」眼尖的女孩拿起書，輕聲念出。

今人讀書法可借重，古人讀書法經驗也可補強。例如，諸葛亮讀書只「觀其大略」，類似我們現代人說的「快讀或速讀」。民國小說家魯迅就是走略讀、跳讀的路線。他們不逐條死記硬背，用泛讀梗概畫出重點，擷取書中精華，掌握其實質，這類閱讀法適合我們閱讀工具書或是學術文本時，可運用此法，增加讀書效率。

閱讀最高境界不是強記而是運用

陶淵明則是走「好讀書，不求甚解，每有會意，便欣然忘食。」的路線，這樣的思考就是閱讀的最高境界不在強記，而是運用知識的素養，陶潛讀書重在心領神會，用於解決生活問題，活讀書的態度值得我們學習。

至於，蘇軾則是精讀貫通的類型：「少年為學者，每一書，皆作數過盡之。書富如入海，百貨皆有之，人之精力，不能兼收並取，但得其所欲求者爾。故願學者，每次作一意求之。」蘇東坡說：世間的經典好書猶如廣袤的知識海洋，多元豐富。若每次讀書只帶著一個目標去閱讀，或針對一個議題去探求、去鑽研，就能有效觸發。因此，好書每隔一段時間都能再讀它幾遍，日積月累，必有所獲。經典好書不用貪多，重在反覆咀嚼，對應人生議會，每每閱讀皆有所體會。

難得糊塗的鄭板橋則是閱讀實踐類型：讀書重在懷疑精神，搭配實踐行動進行自我提問，才能讓「疑竇釋然，精理跡露」。而最會利用時間，搶時間閱讀的是歐陽脩：三上，即馬（車）上、枕上、廁上，這有點像是「零存整付」的閱讀。概念和歐陽脩有異曲同工之妙的是漢代的董遇提出的「三餘」：冬者歲之餘，夜者日之餘，雨者晴之餘。董遇認為冬天、晚上、雨天，都是較為閒暇的時節，可以用來享受閱讀的快樂，進而投資自己。清代顧炎武則走閱讀實用法類型：他的「三讀」是「復讀法」、「抄讀法」、「遊戲法」，對應現代課室閱讀教學模式也頗精準有用。古人智慧在閱讀的形態中可窺見，進而學之。

希望孩子們每天都要開心地閱讀，一如林語堂《讀書的藝術》提到：「讀書本來是至樂之事，杜威說，讀書是一種探險，如探新大陸，如征新土壤；佛蘭西也已說過，讀書是『魂靈的壯遊』……」從生活閱讀、行旅閱讀，無論古蹟名勝，抑或深林幽谷、奇花異卉都是閱讀的好材料。不管時代怎麼變，找到閱讀的力量，接受挑戰，不只求變與突破，也預約一個更好的自己！

推薦書單

《讀書的藝術》，林語堂，小倉出版社。

《資優生不熬夜！搶進名校的精準學習法：時間管理、筆記與應考秘密》，史蒂芬妮．威斯曼，如何。

《每天最重要的2小時：神經科學家教你5種有效策略，使心智有高效率表現，聰明完成當日關鍵工作》，喬許．戴維斯，大塊文化。

《1分鐘超強記憶法：超過130萬人見證，大小考試、證照檢定、職場進修通通搞定！》，石井貴士，時報出版。

《我在包裡放本書：能幹的人、聰明的人、有自信的人，都怎麼看書？》，松本幸夫，大是。

《在家唸書就能考上的高效自習法》，池田潤，采實文化。

《五位臺大生教你這樣做筆記》，連格聆、林芳維、黃一淨、張登翔、黃翔致，漢宇。

《為什麼菁英都是清單控？：紓解焦慮，提升效率，輕鬆管理工作、家庭》，寶拉．里佐，三采。

《三個小承諾，預約更好的自己：用一點一滴的小舉動，每天實踐3個小承諾——遠離垃圾循環，進入承諾循環》，大衛．波萊，大塊文化。

《精準學習：「羅輯思維」最受歡迎的個人知識管理精進指南》，成甲，先覺。

06

時間管理力

做好自己，時間會為你走慢

✓「每天做不完的事，如何讓時間走慢一點？」

✓「如何把所有工作都排行程？」

✓「如何克服惰性，按照自己的步調生活？」

怡慧 tips　喜歡閱讀的人，讓一天變精彩，讓一生變豐富。

每個人都知道時間管理的重要性，但是為什麼總被工作追著跑？時間完全不在拍點上？反觀閱讀者不只是時間的精算師，也讓一天二十四小時變得精彩，他們懂得拜倫說的：沒有方法能使時鐘為我敲已過去了的鐘點。我們追不上時間，只能善用時間。

彼德．紐沃斯《你的未來值多少？》提醒我們：面對生活各種選擇時，系統化思考的方法，用精算思維看懂現在的選擇將會影響未來。如果，你能掌握時間，又能走在閱讀的路上，就像是簡媜說：「我害怕閱讀的人，他們懂得生命太短，人總是聰明得太遲。我害怕閱讀的人，他們的一小時，就是我的一生。我害怕閱讀的人，尤其是還在閱讀的人。」

時間是質的追尋

走過多少人生之路，才能釀出如醇味之酒，蘊藏雋永美好的體會：「回顧過去，翻來覆去地檢視現實，才知道生命從來不是『量』的遊戲，而是『質』的追尋。」丘美珍企劃《時間教會我們的事》，她在畢業三十年後，找回高中同學一起共筆完成的書。「我們」回顧三十年前的前塵往事，生命在歲月的淘洗下，文字留下對青春烙下深刻體會。用文字沉澱經歷的滄桑、風霜，以純美的語調和年輕的讀者溫柔地對話：「不是愛過幾個人，而是你是否有決心去愛人；不是賺多少錢，而是如何對別人有益；不是職位有多高，而是能否成為旁人心中的典範。」原來，珍惜可以讓生命少些寂寥的身影，多點燦笑的朗晴天；原來，珍惜可以讓生活少點失落的遺憾，多份珍惜的溫柔，只要我們善用時間，做好自己的本分，就能用時間的質感去真切地認識美麗的世界。

你走慢了我的時間

魯迅說：「生命是以時間為單位，浪費別人的時間等於謀財害命；浪費自己的時間，等於慢性自殺。」每一天不只要認真地過，還要活出精彩。張西《你走慢了我的時間》寫的是時間、旅程，人與情之間的細膩觀察。作者離開臺北，三十個夜晚，打開三十扇門，和三十個小房東，一千公里之外的出走，你與他經意與不經意地相遇，用情封印時光，把彼此的時間走慢了。捨不得說再見是因為眷戀；眷戀讓時間走慢一點！有人把一天當一小時虛擲，有人把一天當一輩子珍藏。時間走快、走慢，端看你的心態。長大後，我們才明瞭：人與人的相遇，在愛中走慢時辰，在情裡等待一生一世的盟約。

每次的相遇與告別，原來是時間教會我們珍惜的功課。每次行旅，收藏一段回憶，記住一個名字，時間留下相遇的最初也是最美的流光風景……你會慶幸生命有個人、有本書，讓時間因而走慢了，你也在時間裡變得成熟懂事了。

管理時間非讀不可的黃金三書

《時間管理》的作者博恩．崔西用淺顯文字，條列二十一項時間管理的技巧，讓我們克服拖延的惰性、掌握時間主導權、強化人生效率。時間管理也是門藝術，你可以用高超的技巧突破有限的二十四小時。建立每日的行動清單，計畫好每一天應該做的重要事情，善用生活行事曆，搶出許多「浪費的」時間。做好工作清單能管理好自己的專案，做好時間精算，你可以再貪心一點，原來工作可以再排滿一點！麥可．海亞特《最棒的一年》提到，我們的人生不僅於工作，還包括財富、情感、健康、興趣等十大領域。神奇的「五個步驟」、「二張重點表格」，讓你做一個知道「為什麼」這樣工作、這樣生活的人，「知道」就不會迷失方向，作者要你即便按圖索驥，也能在五小時內，盤點自己的人生，預約一個嶄新亮麗時間表。原來，不是時間不夠用，是自己不懂緩急輕重與時間分配，常常做到累死，還會被人嫌死。《不懂時間分配，忙到死也沒人理》依據十五種工作模式×九項拖延習性成因分析，解決一般人習慣延宕的惡習。輔以「艾森豪優先矩陣」與六項自我Check-points、每日To-do list執行清單——破除做事的盲點，快速分析事情輕重，做好時間調配，讓時間都用在「刀口上」，找到贏回時間的契機。

我記得我是誰

時光荏苒，無論歷經風雨擊打，都要記得自己最初的模樣。一如《記得你是誰：哈佛的最後一堂課》說的：無論未來到底要走向何方，都得堅守住踏上旅程的初心與理念。面對人生重要的抉擇之際，時光不會改變你的善良、天真、樸實，請你忠實地、清楚地「記得你是誰」。常常自我檢視，在人生攀登上高峰之際，在掌聲響起的熱鬧之間，是否忘記了在粗茶淡飯中，被真純滋味攫住的驚喜？是否遺失了在人情交流中，被肺腑之言溫燙的感動？若能擁有機會，我們都會願意把幸運分享出去嗎？若已擁有光環，我們都願意謙卑地做到表裡如一嗎？時間教會你該有的勇敢，也永遠聽得見鏗然叩響「我是誰」的生命鼓音，我們不怕時間走遠，只怕自己忘記「我是誰」？

藏在味蕾的時光秘密

對於長期夜讀的我而言，安倍夜郎《深夜食堂》讓我在每個有星子的夜晚，揣想著用一道又一道的生命料理，聯繫一個又一個看起來距離世界遙遠的靈魂。

人心可以深沉，內在卻要簡單。人情可以淡薄，付出卻要及時：炸雞排咖哩，蘊藏一份四十年的牽牽繫繫，情分馨香，在一口咬下的剎那，成了永恆眷戀的生命滋味。秋葵咬下去竟是生命的洋蔥，人生千迴百轉的錯過與相遇，喜歡與憎恨、等待與和解、遺憾與希望、孤單與溫暖，雜揉的、沉澱的，都是生命最初也是最美的久別重逢。用食物分享彼此心事，用食物給予他人勇氣，用食物串聯人情感動，我們的生命又該有哪道菜，能用來象徵與時光串接後的溫潤呢？

在文字的慢火燜燉下，藏在味蕾裡的時光秘密，一顆心碰撞一顆心，時光的故事絕美的醍醐味，彷彿為你收藏時光與你對話的密語。

有人用一生的時間寫小說

村上春樹的小說呈現獨特迷人的都市感，其寫作風格席捲年輕世代閱讀小說的品味。村上春樹的小說到底有什麼魔力？說穿了，你愛的是他用一生的時光為你書寫的痴心吧！

《身為職業小說家》這本類自傳的文本，將作者歷經三十五個寒暑，完成十三部經典長篇小說的創作歷程，做了最深情的告白。原來，有人用一生只做一件事，這件事專注地做，時間累積出高度，讓村上春樹文字的時代意義被看見。逝去的時間忠實為一個人的執著記錄著，風風火火又安安靜靜。

小說家到底為誰而寫？為何堅持非營造某種書寫場景不可？小說家該具

備何種健全的野心、誠實的思考，才能寫出與眾不同的小說來？

每部小說的原創與初始，都有某個時光的秘密在支撐。走入小說家奇奧的創作旅程，欣賞各式各樣作者想像出來的美麗世界，原來，樂於自己的選擇，才能盡情地揮灑時光的彩筆，為此生畫出動人的色彩來，時間的純度原來就在你如何用心做一件事。

心中每天開出一朵花

有人生活痛苦難耐、度日如年，有人即便面對深沉的絕望，也能邂逅美麗的人情。原來，快樂是自找的，看待時間的快慢，常常也是心態的反射。悲觀的人想到：一個寂寞的人坐著看花，是惆悵；樂觀的人想到：兩個寂寞的人坐著看花，是取暖。

錯過的，失去的，時間都會慈悲地為你找答案，或許，下一站，你遇見五百年祈求才換來今世回眸的緣分。微熱的淚水，溫燙的祝福，勇敢做自己，好好愛自己，時間會為你捧出暗黑之後，每一個有光的時刻。一如幾米《我的心中每天開出一朵花》：「所有的悲傷，總會留下一絲歡樂的線索。所有的遺憾，總會留下一處完美的角落。我在冰封的深海，尋找希望的缺口。卻在驚醒時，瞥見絕美的陽光。」一如顧城說的：我用黑色的眼睛尋找光明。

於是，我們全然相信，悲傷過後就會有彩虹；於是，純然接受，遺憾的罅縫會透進光。回望時間長廊，絕美的風景在錯過的轉角，瞥見，心中每天開出一朵花，因愛的召喚而綻放的時間之花，歲歲年年，為我們而開……。

推薦書單

《你的未來值多少？：像精算師一樣思考，估算出最適合自己的選擇》，彼德・紐沃斯，天下雜誌。

《最棒的一年：5個步驟，100%實現目標，讓計畫不再是空話》，麥可・海亞特，遠流。

《時間管理：先吃掉那隻青蛙》，博恩・崔西，Smart智富。

《不懂時間分配，忙到死也沒人理》，梁佩玲，方言文化。

《時間教會我們的事：給年輕的你，我們用30年歲月驗證的人生》，丘美珍／策畫人，悅知文化。

《你走慢了我的時間》，張西，三采。

《記得你是誰：哈佛的最後一堂課》，戴西・魏德蔓，天下雜誌。

《深夜食堂1～18》，安倍夜郎，新經典文化。

《身為職業小說家》，村上春樹，時報出版。

《我的心中每天開出一朵花》，幾米，大塊文化。

07

熱情實踐力

想像未來真實的面貌

✓「在迷霧中如何找到前進的光？」

✓「如何用熱情實踐不可能的任務？」

✓「漸漸失去對生活的熱情，我該怎麼拾回？」

怡慧tips 用閱讀與熱情，打造全新的生命藍圖。

學測進入倒數兩個月，孩子面對堆積如山的課本、參考書，幾乎沒有喘息的時間，也幾乎很難看見他們開心地走進我的辦公室，與我重溫歡暢的聊書時光。

那天，學校辦完祈福活動，靜靜地看著孩子們，以工整的字跡寫下金榜題名的期許：

我是〇〇〇，祈求考上〇〇大學〇〇系。

學生虔敬認真的神情，像位單純的禱者，希冀透過筆尖氤氳的溫度升騰至蒼穹，翳入了天聽。會場的氛圍，讓我不禁閉上雙眼，在心底默禱著：希望上天傾聽到孩子們的心願，讓他們以踏實的腳步邁向成功的道路，心想事成、美夢成真。

望著你們充滿鬥志的臉龐，有好多話想告訴你們，卻又不忍再耽誤你們太多的時光，就請你們帶著這十本書與躍躍欲試的熱情往人生的挑戰跨越吧！

安靜是熱情的原型

你曾走在人煙罕至的路上，看不見光吧！是閱讀要我們不要害怕，一轉身，我們都會在彼此的身邊，相互打氣、扶持而行，尋到為夢想而活的熱情，一如《被討厭的勇氣》提醒我們：如果衝不過被討厭的迷霧，我們又如何成為能獨立思考，堅定信念的人？

仔細翻讀齋藤孝《孤獨的力量》書中的每一個句讀，好像都藏著對你們的思念，憶起當年你們入學的青澀模樣。優秀的你們，當年沒有奔向第一志願的殿堂，還記得自己為何而來？在丹鳳的校園，我們一如蘇格拉底的信徒，不斷尋找存在的意義，成長的甜蜜與哀愁都寫在彼此的人生頁扉，我的生命因你們而榮耀；你們的生命因閱讀而繽紛，你們就像我生命的貴人，讓我看見教育的希望與師者存在的熠熠彩光，堅持走自己的路而孤獨，卻望見熱情的光指引你走自己的路。

如果你喜歡傾聽、靜默寡言、不好熱鬧，怯於推銷自己，習慣獨來獨往……那麼，《安靜，就是力量》告訴你：熱情不是只有大聲疾呼、呼朋引伴的選擇，你也可以跟隨安靜內在的靈魂前進，只要點燃創意熱情的火花，內向的安靜力量讓世界有了：萬有引力、相對論、夜曲、追憶似水年華、小飛俠、一九八四、Google、哈利波特。熱情不一定要有光彩炫麗的外表，它代表一種安靜樸實無華的價值，也令人讚嘆的熱情原型。

社企力是實踐的溫度

如果有機會，請用社企力引爆你的熱情想像，以倡導平等開放的對話方式，實踐《世界咖啡館》的理念。它讓參與對話的成員，不受職務、階層、經驗、種族、性別、信仰的限制，都可以自由地和其他人交流自己的見解與看法。透過共同交談，找到集體的智慧來解決複雜或困難的問題。讓生活的環境氛圍，建構觀點多元、豐富的視角。

有機會參與國際志工的活動，不同於同學都在補習拚成績，你想印證《社企力》實踐的熱情。從志工服務的過程，發現賺錢和公益，愛人與金錢是不衝突的。一如迪士尼讓人感受到幸福，也能從中獲利，捲起袖子，熱情實踐，讓自己的思考也活絡起來，透過身體力行，不再困在紙上談兵，因為親身經歷過，才能跳脫既有價值的框架，熱情實踐書中的知識，找到自信的神情，更明白：自己此生為何而戰。

你們還記得自己曾用《文案力》實踐過的書寫美好嗎？為自己的社團招生、替偏鄉服務隊製作文宣嗎？開展文字的天賦，細膩地注意到：文字應該成為被看見的能力！若能用筆墨書寫世間的美善，發現人情的溫度，生活處處都是創意的流轉，美感的散發，都像在為自己的青春歲月書寫一張獨一無二的履歷表，亦是我們爬梳自己生活的重整與回顧。

打造不一樣的土地風景

熱血企業不靠販賣激情經營，憑藉創新經營開創藍海，《我們的小幸福、小經濟》影響一直無法跨出舒適圈的女孩，在文字中找到勇氣與支持，與同學組團參與世界公民島的旅行任務，進行未知生活的挑戰，年輕女孩談如何透過網路支持小農創業，談老行業如何透過行銷重生蝶化，談舊社區改造的文策力，談閱讀的力量存在我們的信念中，無關分數、無關階級，無關性別的廣袤與寬容……原來熱情可以薪傳，共感的實踐力，使生活在同一塊土地的我們，用熱情實現「不可能」的任務，帶來奇蹟式的感動。

熱情找到存在的意義

當生活失去熱情之際，好友推薦申賦漁《匠人》進行心靈充電。作者書寫的不只是故鄉的故事，也寫村人以手工藝為職志的執著與堅持，我特別喜歡這段文字：「生活中所需的一切，曾經就在屋前屋後。那時的日子直接、新鮮，帶著手心的溫暖。那時的人們以情相待，用心相處。」我們的確也在忙亂的波濤裡，錯過了甚麼？忘記了甚麼？遺落了甚麼？十五位匠人的傳奇故事，透過文字傳遞溫暖與溫柔的溫燙感，初心熠熠，讓我們尋到出走後回歸的可能，找到從心出發的理由，匠人精神原來就藏在熱情實踐力裡。

暢銷書作家為何而寫

朱亞君說的：「一個好作家讓讀者有一種——我跟你們一樣的心情：我與你一起困惑，一起感動，一起共鳴。」

林立青《做工的人》用平行的視角、關懷的角度，寫出做工的人的這些、那些，充滿樸實無華、深入人心的魅力，容易勾起人們內在的共鳴，文字充滿人味的溫暖，讓我們穿越時空的隔閡，理解他們外在生活與心靈世界，道盡人性與人情的冷暖故事。過去講究文美，文藻華麗、用典精闢、詰屈聱牙是一種文學風格，現在卻轉為「我手寫我心」、「心有戚戚焉」的文真時代，書寫是為了誠懇地說著自己故事的熱情。

漫長人生路，你們將成為自己生命的設計師，用熱情重新打造自己的璀璨人生。請繼續保有昂揚的行動力與熱情，一如戴夫·埃文斯用「設計思考」重擬生命的選項，讓生活有著想像的羽翼，生命有著沉靜的品味，願意相信日積有功而慢慢走向專業的人生，成為閃亮的自己。帶著熱情繼續前進，用實踐力為人生設計全新的生命藍圖吧！

《被討厭的勇氣　二部曲完結篇：人生幸福的行動指南》，古賀史健、岸見一郎，究竟。

《孤獨的力量：即使不被理解，仍要面對真正的自己，才能真正富有與自由》，齋藤孝，三采。

《安靜，就是力量：內向者如何發揮積極的力量！》，蘇珊．坎恩，遠流。

《世界咖啡館：用對話找答案、體驗集體創造力，一本帶動組織學習與個人成長的修練書》，大衛．伊薩克，臉譜。

《文案力：如果沒有文案，這世界會有多無聊？》，盧建彰，天下文化。

《社企力！社會企業＝翻轉世界的變革力量。用愛創業，做好事又能獲利！》，社企流，果力文化。

《我們的小幸福、小經濟：9個社會企業熱血追夢實戰錄》，胡哲生等，新自然主義。

《匠人》，申賦漁，圓神。

《做工的人》，林立青，寶瓶。

《做自己的生命設計師：史丹佛最夯的生涯規畫課，用「設計思考」重擬問題，打造全新生命藍圖》，戴夫．埃文斯、比爾．柏內特，大塊文化。

08

挫折容忍力

世界因你而改變！

- 「跌跤之後，你能再站起來嗎？」
- 「挫折真的能讓我變得更強大？」
- 「失敗是成功之母？還是魯蛇人生？」

怡慧tips　閱讀為你撐腰，只要熬過去，世界因你而改變！

人生行旅，每到一個驛站，有人上車，有人下車。沿途邂逅的美麗風景，不期而遇的可愛過客，我們都在匆匆流光裡，選擇停留或離去，你帶著所見、愛過的一切——輕輕收藏在底心，勇敢往下一個驛站，繼續旅行、繼續生活。

每年望著學生揮手離去的身影，淚光閃爍著祝福：再見，畢業快樂！若我不能陪你一輩子，這十本書能在你遇見挫折時，找到解決的力量，也是老師送給你們最真摯的畢業祝福，讓你們在爾後的人生，即便面對挫折低谷，也能有勇無懼，因為你知道：有閱讀為你撐腰，有風有雨也能堅強挺過去。在挫折中，你看見自己勇於「突破」的毅力，堅持用「善意」和「愛」，「內觀」與「自重」找到容忍困蹇的力量，進而有計畫地以「恆毅」之心「修練」自己，望見「希望」之光正熠熠閃亮著……

突破——捕捉燦爛的時光，送給自己

「為了偉大，人要有點瘋狂。」畢業是一場慶典過後的孤獨，你要重新省識自己：過去擁有的光環越多，扛負的包袱也越重。何不大膽離開舒適圈，從零開始，不急著打安全牌，靠夢想的力量試圖再次超越自己的極限，你得以轟轟烈烈地突破過往，擁有嶄新的評價。年輕的你，可以一躍再躍，成為更好的自己。我想用張西的話祝福你：日子是沙粒堆疊的堡壘，任何一個時代捎來的大浪都能將之湮滅，只有自己記得最清楚，也只有自己忘得掉。

挫折——當眼裡沒有淚水，靈魂也不再有彩虹

「青春是一本太倉促的書，我們含著淚，一讀再讀。」青春可以大膽去闖，去開發自己，去經營自己，即便時光易逝，選擇自己喜歡的路，放手一搏，親愛的，你要做的是：無愧於青春；你要享受的是：為自己喝采的、震

耳欲聾的掌聲。日子看似簡單，有淚水的溫潤，你值得用善意，讓世界感受到你熱情分享的幸福。我想用陳孜昊的話鼓勵你：青春就算跌倒，也可以很帥。

希望——不管世界多麼荒蕪，一定會有一朵花，靜靜為你盛開

「當失敗來臨，就是證明自己的時刻，這個時候能做的就是繼續勇敢編織夢想、並完成它。」樂觀是正向信念，因此，只要不喪失希望，不讓恐懼改變你的心，你無須討好別人，善待對我們好的人；無須攻訐別人，感謝對我們不好的人。如此一來，即便在看不到希望的灰燼，仍能開出一朵希望之花，讓你不懼怕失去，不煩惱心碎，面對它，你就能改變困局。我想用艾莉的話激勵你：「當人生的滋味混雜了淚水的鹹度，會有一種剛剛好的甜味。」

內觀——也許我們很平凡，但平凡不代表我們做不了大事！

「孤獨是人從事思考的狀態，寂寞是沒有思考活動存在的孑然狀態。生命追尋的極致表現，就是與孤獨和平共處，甚至從中得到啟發與能量。」放慢步調，找到內心真正的快樂，享受寂靜的歷程，體會寧靜致遠的樸實無華。一如梵文「shanti」，快樂的寧靜，融合於和諧的大自然裡。不專注於結果的成敗，你會走在覺醒、實踐、療癒、超越的生命追尋旅程。我想用王溢嘉的話啟發你：「內觀心靈，尋找醍醐自我覺醒原力！」

自重——青春就是讓你張揚地笑，也給你莫名的痛

「人就是一條河。河裡的水流到那裡都還是水，這是無異議的。但是，水有狹、有寬、有平靜、有清澈、有冰冷、有混濁、有溫暖等現象，而人也是一樣。」世界的奇奧在於遍地開花，各自美麗，綻放情韻，引人入勝。我們要學會看重自己，擁有謙卑的自信；也要學會尊重他人，擁有對話的同

理。對於冷言暗箭都把它當作善良的試煉。過關之後，才能真正挺直腰桿走在正直的路上。我想用村上春樹的話溫暖你：「於是我們領教了世界是何等凶頑，同時又得知世界也可以變得溫存和美好。」

修煉——也許咬著牙忍過的苦難，是生命中最重要的轉折點

泰戈爾說：「不要著急，最好的，總會在不經意的時候出現。」人生很短暫，不要抱怨自己的付出撐不起夢想，有時候，夢想太大，我們修煉的時間需要更潛心恆久，方能有成。年輕不該把太多的時間拿來憤世嫉俗，忘了要把握機會積累自身的真功夫、硬實力。長大之後，你會越來越明白：自己的心怎麼看待這個世界，世界就變成怎樣。只管付出，不問收穫。唯有樸實無華的內化，才有力量圓夢。我想用許允樂的話提醒你：「人的內心長什麼樣，看出去的世界就長什麼樣。」

恆毅——上善若水，水善利萬物而不爭

人生無法劇透，快速成功學的確吸睛迷人，但是人生無法只靠速成或公式，成功是水到渠成，自然而然；成功是你好我好，互相溫潤，一如水謙卑的姿態。畢業後，該怎麼策馬揚鞭，擺脫選擇的迷茫與盲目？如果，年輕的你能拋開傳統物質至上主義，願意從各種微不足道的事物中發現幸福的秘訣，你就能多花些時間認識自己，不忘初心、不負光陰，活出極簡生命真正的精彩。我想用芬蘭人常說的希甦（Sisu）鼓舞你：面對逆境，拿出獨特的希甦精神，如涓涓細流般，擁有堅韌持久的恆毅力，戰勝一切。

善意——你讓別人舒服的程度，決定著你成功的高度

喧譁的時代，需要溫暖的傻瓜，你是，我也是。傻瓜越多，善意流轉越快，社會越發溫暖。善良不是弱點，堅強的人才有餘力行善。你千萬不要低估自己，一個有能力行善的人是多麼富足與榮耀，當你走上「日日行善」的

旅程，你會發現：世界因你而改變了。原本充滿負面能量與惡意的人們，暗黑漸漸鬆動，人與我的關係變得可親可愛，世界也變得更好。我想用班奈黛特的話溫暖你：「與其抱怨，不如改變！」

愛——青春是不捨的惦念，即使不起眼，都是閃閃發亮的印記

年輕無法重來，如果愛上了，請你溫柔地對待他。相愛是幸福，用心相處是華麗的幸福；能在一起是幸福，懂得思念是奢侈的幸福。年輕的你，願意相信愛情的純粹，願意溫柔地傾聽，願意獨啜喜歡醞釀的滋味，願意看見連他都看不見的優點，尋找戀人限定版，只有你能抵達的有光一方。因為相愛，尋常的時光也變得不尋常了。年輕可以沒有理由地愛著一個人，叫做愛的特權。我想用林達陽的話溫柔你：「戀愛過以後才明白，真正的快樂，就是那種寂寞。」

計畫——對自己負責，就要對自己的時間負責

年輕可恃也不可恃，若能善用 SMART 法則，你的人生將更有效率。在時間拎得清的人，少奮鬥十年。何謂 SMART？S代表的是具體的 specific；M代表的是可衡量的 measurable；A代表的是可實現的 attainable；R代表的是合理的 realistic；T代表的是時間目標的 time-targeted。根據目標與時間管理，以要事為優先，透過組織計劃，持續地做著，不可能的任務也能在期限內完成。學會「套路」，擁有硬本領，效率就能提高，少走彎路，就能獲得更好的人生。我想用張萌的一句話鼓舞你：「有目標的人，對人生每一步都能穩健規劃，並按照計畫實現夢想，人生充滿節奏感。」

畢業恍若輕畫上美麗人生的逗點，我揮揮手向你道別，你緊握拳頭大喊：fighting。我知道：離開不是永不回頭，而是為了光榮歸返。我在這裡等你呀，見與不見，你若安好，我就安心。記著，挫折來臨時，正是你再次躍起的好時機。

推薦書單

《朝朝暮暮》，張西，三采。

《How Fun! 如何爽當YouTuber：一起開心拍片接業配！》，陳孜昊，高寶。

《努力多久才可以喊累》，艾莉，悅知文化。

《六祖壇經4.0：覺醒、實踐、療癒、超越》，王溢嘉，有鹿文化。

《海邊的卡夫卡》，村上春樹，時報出版。

《只是想活得漂亮：敬每一次得到或學到、每一個失去或擁有、每一種恐懼或快樂》，許允樂，時報出版。

《善意之書：每天做一件好事，改變壞掉的世界》，班奈黛特．羅素，小貓流文化。

《理想的北歐生活：55個芬蘭樂活提案，享受不經意的每個瞬間》，Monika Luukkonen，世潮。

《恆溫行李：回憶是最壞的日用品，但裝在想念裡面，便是最好的行李》，林達陽，悅知文化。

《人生效率手冊：你如何過一天，就如何過一生！全球青年領袖張萌送給年輕人的成長加速器，教你不走彎路，快速成為「人生勝利組」！》，張萌，平安文化。

輯二

與人溝通

09

人生抉擇力

考上了，然後呢？

✔「人生的選擇很困難，不知要向左走？還是向右走？」

✔「我害怕自己的決定是錯的？」

✔「我的人生（　）應該填入什麼？」

怡慧tips　閱讀可以觀察他人的經驗，從中汲取智慧。

教育可以為孩子多做點甚麼有意義的事？

教學可以為孩子多留下重要的成長印記？

這是每位師者常常問自己的問題。

繁星放榜後，有孩子力拚申請入學口、面試；有孩子閉關苦熬拚指考。

唯有繁星上榜的同學，陷入無事一身輕的放空狀態。

「最近有在規劃銜接大學的學習地圖嗎？」試探地問著。

「自己銜接？還是去找補習班？」

「太難了，我還沒進大學，怎麼知道自己要規劃什麼？」孩子此起彼落地回答著。

「科系是自己選的，當然是根據目前自己的學習狀況去做課程的調整與銜接。這是很重要的自我探問與生涯規劃能力，如果，真的沒有方向，就問問自己：為什麼要讀書？為什麼要上學？」我嚴肅地問著。

「大家都在上學，不上學還會害爸媽被罰錢……」孩子淘氣地回答。

「為了要認識這些狐群狗黨，不得不來……」孩子悻悻然地說。

人生必修的課程是選擇

蔡康永說：很多人說要做自己，只是說著玩的。先弄清自己是怎麼回事，才可能開始做自己啊。

「其實讀書也好，上學也罷，最終目標是讓你熱愛學習，也希冀透過不同的學科探索，讓天賦自由，進而找到潛能專才。學校生活最開心的是，和同學打造千金難買的青春回憶：你們揮汗練習只為大隊接力能夠進決賽，不斷嘗試各種行銷手法只為園遊會能讓班級商品被看見，利用假期課餘布置教室，讓每學期學習的情境更優質，你們在找自己的舞台，也在替同學找舞台，讓彼此生命發光發熱，在不同事件的學習中，你也在為下一個人生階段做選擇與鋪墊。其次，面對生活兩難時，應用所學思辨論證，靠選擇解決問題，從探索自我，建立專業，最後找到抉擇力。高中三年的學習是否讓你準備好往下一個更好的自己前進了？」我的話竟讓學生靜默起來。

「老師最強的地方，就是能把我們的冷笑話，當成專題在分析，完全離題也能做出論點、論據，論證和結論。」學生調侃我，眼神卻望見案頭的群書。

「《哈佛教我的18堂人生必修課》？老師想再去讀書？讀哈佛……」孩子睜大眼問著。

「這本書的觀點，很適合我們面對抉擇時，冷靜地好好思考、自我對話。例如，選課的原則是把握學校規定的必修學分；其次是探索新領域，挑戰自己其他可能性；最後，火力全開，深耕自己興趣所在，展現天賦。除了課業，社交和課外活動，睡眠，三者如何平衡？如何做出選擇？它提供給我們做好人生各階段的銜接與規劃。」我把畫了紅線與作標籤的頁面簡單說明。

人生如果是一個（　），你想填入什麼？

「人生如果是一個（　），你想填入什麼？有人想試著在（　）處填填看嗎？」我拿起第二本書激勵他們。

「騙局。旅程。挑戰。笑話。告白。花園。錯誤。」學生們很有創意地接龍起來。

「你如何認定你的人生，（　）填上甚麼答案，它就會往那個方向發展。」我笑笑地說。

「還有，你們認為一個（　）難道只能填一個答案嗎？人生難道都是單選題？為何不是多選題？如果，試著把你們的答案變成一段有意義的文字接龍就會變成：人生是一個又一個的挑戰，面對一個突如其來的騙局，或許是生命最痛苦的歷程，卻也是從澈悟到省思的開始。接受外人看來是笑話的人生，你就能進入另一個豐富的學習旅程，苦痛醞釀出真實的力量，讓你不再畏懼挫折，更加堅強地往夢想前行。因而，在旅途中，你邂逅許多美麗的風景人情，也遇見此生的 Mr. right 或 Miss right，在千錘百鍊的歷練中，你有勇氣和百分百的男孩或女孩告白，再回首，以騙局人生為開始，最後，以繁華盛開的花園人生為終曲，這段人生不是美麗的錯誤，是年輕抉擇的傳奇。」我靈機一動地說著。

「老師也太誇張了，賣弄文字遊戲的功力也太深厚了。只是，人生這個議題好大，離我們好遠，其實，我們還是一知半解，無法真正讀懂。」女孩輕鬆地問著。

人生抉擇的關鍵是閱讀

「人生是無法設限的，也沒有標準答案，有時候，走到絕處，卻又逢生。把大家突發奇想的名詞，編成一個小故事，是不是也算是人生面對抉擇的重要轉折？夫天地者，萬物之逆旅也；光陰者，百代之過客也。看似短暫的人生，做好每個決定，你就不會後悔。」

眼前的贏不一定是贏，眼前的輸也不一定是輸。當你們手握大學入場券時，正是意氣風發、得意洋洋的時刻，如果停滯學習，不再思考學習的意義，這張入場券反而變成前進的阻礙。未來要讀藥學系的，可以打開《本草綱目》仔細細鑽研，思考中國藥學在藥學發展史的意義與重要；如果讀化工系的，我覺得《天工開物》就吻合古今對應、東西合璧的學習系譜。在法國，如果高中生無法在哲學課拿到及格的分數，他是無法順利到大學就讀的。過去課室教學很少提及的哲學課，如果你真的想了解哲學是什麼，請不要錯過哲學入門款《世界第一好懂的哲學課》。進階款的《令人著迷的生與死：耶魯大學最受歡迎的哲學課》引導你思考死亡，了解生命的美好。每個人都該選擇好方法過好自己的人生。人生的選擇是很專業的課題，千萬不要只憑感覺。」不同時期的閱讀都能讓你的不同階段做出正確的決策。

知己知彼百戰百勝

《孫子兵法》〈謀攻篇〉說：「知己知彼，百戰不殆；不知彼而知己，一勝一負；不知彼，不知己，每戰必殆（失敗）。」

面對人生抉擇，我特別喜歡用星座學來舉例。郭子乾說：星座，我研究三十幾年，透過星座了解自己、修正自己、喜歡自己，進而整理對他人的想法和態度，開始有自信站在舞台上，有機會成為模仿大王！原來，面對選擇，我們要先了解自己、他者、環境，星座學讓我們能知己知彼，活用星座觀人術，做出人生正確的判讀。郭子乾說：懂星座的，人緣都不會差，若再加上自己的人生閱歷，就能成為指點他人迷津的微光。

揮別高中生活，邁向四年的大學生活，你們想擁有傑出的成就、找到團隊精神、領導能力、企圖心嗎？大學所習得的，是否就具備職場喜愛的特質？就像哈佛女孩尤虹文說的：「教育不只是書本知識的學習，也包括在合宜的地方，享用晚餐。」你懂得善用優勢和機會為自己開創新局？知識永遠來自於選擇，一個選擇過後的生活實踐與人格態度的展現，就是一個新生活的跨界。

你的人生只能自己選擇

離開校園，面對你爭我鬥、爾虞我詐的環境，進退兩難。你該委曲求全，為五斗米折腰？還是要轉換跑道，重新出發？面對現實的職場，如何做個好決定，關鍵時刻，搶得先機做出正確的判斷，不卑不亢、能屈能伸地前進？中國經典《易經》會讓你找尋到生存與抉擇之道：一個決策，決定他人或團隊的命運，也決定自己的未來人生。壯大自己的能力，也要溝通協調的身段，用《對話的力量》澄清自己真實感受，解決人際衝突，維持團隊協作的平衡，一次又一次的抉擇，悟出人生哲思的體悟，讓未來的抉擇，百「擇」百勝，無入而不自得。

身為老師期待孩子們天賦自由，走自己的路、唱自己的歌、跳自己的舞。選擇內心的所欲所想，走在月迷津渡也好，行旅於水流心不競，雲在意俱遲也罷，不同的年紀，每個抉擇會讓你成長、領悟。處於渾濁江湖、險惡塵世時，憑藉智慧之鑰，關鍵時刻開啟正確的出路，讓自己一次就做對，每次決策都是高勝算，高效度。

推薦書單

《天工開物：科技的百科全書》，蔡仁堅、蔡果荃，時報出版。

《本草綱目白話精譯本》，李時珍，大地。

《從易經看孫子兵法：劉君祖以《易》演兵》，劉君祖，大塊文化。

《孫子兵法商學院》＋《易經商學院》，田口佳史，野人。

《令人著迷的生與死：耶魯大學最受歡迎的哲學課》，雪萊．卡根，先覺。

《哈佛教我的18堂人生必修課》，尤虹文，天下文化。

《人生如果是一個（），你想填入什麼？》，彭明輝，聯經。

《世界第一好懂的哲學課：一口氣讀懂15本哲學經典名著》，小川仁志，麥田。

《哥說的不是星座，是人際關係》，郭子乾，天下文化。

《對話的力量：以一致性的溝通，化解內在冰山》，甘耀明、李崇建，寶瓶。

10

積極主動力

人工智慧來了

✓「人工智慧時代，學生應該學習什麼？做好哪些準備？」

✓「教育應該把眼光與重心放在哪些關鍵核心素養？」

✓「如何不讓自己被人工智慧取代？」

怡慧tips 透過閱讀，深入了解時局變化，展現積極自主的態度，贏得先機。

ＡＩ時代來臨，百分之五十到六十的工作將被逐漸取代，我們面對新時代的艱鉅挑戰，壓力不容小覷。不過，每次危機的發生也是時代的轉機，ＡＩ時代可以是積極主動的時代，任何黃金創新的機遇，將會是時代躍進的大機會。

或許，成功的定義每個人想像的都不一樣。當你在裹足不前時，世界就變得很艱難；當你積極主動時，世界就很簡單。人工智慧時代，我們該如何引導學生學習？學生應該學習什麼？教育應該把眼光與重心放在哪些關鍵核心素養？跳脫陳舊的定見，讓學生學會積極主動出擊，搶得先機。

人工智慧來了

在人工智慧襲來，我們要如何因應才能在競爭的浪潮中立於不敗之地？

李開復《人工智慧來了》讓我明白面對人工智慧時代的來臨，人工智慧將無所不在，甚至顛覆你對世界的想像。李開復和王詠剛的文字幽默中有警語，輕描帶過自己對於人工智慧的獨到與專業的見解：三次人工智慧的熱潮，穩步地與大眾需求緊密的接軌，並開創全新的商業模式，看似科技已造就新型態社會的潮流，是否會威脅人類現有的優勢，甚至取代就業的機會？作者提供豐富、實用的思考，借助人工智慧的核心學習法，讓我們有效學習，開展天賦，發揮特長，追隨己身的興趣，主動挑戰極限、積極做學習，培養獨立思考與創造力的能力，實踐所學，應用於生活中。如何在教育互聯網的時代，搭建互動式的線上學習，做好積極主動學習的習慣，強勢迎向AI時代的挑戰。

找到活下去的理由

生活在自由國度的我們，要怎麼理解脫北者不自由的人生血淚經驗。朴研美《為了活下去》說過：「這輩子我最感激兩件事，一是我出生在北韓，一是我逃出了北韓。」對殘忍的過去經歷，你得有揮別的釋懷寬容，對暗黑生活，你要活下去，就要有主動解決、積極面對的態度。

朴研美在人口販子的掌控下，掙扎求生，歷經苦難，她橫越戈壁沙漠，以無比的勇氣逃離家鄉，驚心動魄的故事，勇敢活下去的毅力，在書中字裡行間仍藏有對人性善良永不會熄滅的樂觀。

每個人對「人生沙漠」的定義不一定相同，面對毫無邊際，看不見任何目標，內心又深感熾熱的當下，看似絕望的生活，又多麼需要主動積極的智慧相伴。握住希望，方向清楚，主動跨過「沙漠」，積極找到「綠洲」，跨過去，再躍過去，我們就走在希望的路上。

每個人活得最像自己的時候，就是願意回眸黑暗的時候，唯有積極主動，才能讓真實的人生無論面臨喜悲生死，都能坦然以對，每一段純美的歲月，都是用心走過，用情度過的紀錄。

世界是自己定義的

史蒂芬．霍金是這個時代最聰明的宇宙學家，也是科普暢銷書的作者之一。《我的人生簡史》是他向世人揭露自己人生與思考演進的歷程，二十一歲被診斷患有漸凍人症後，他面臨的人生挑戰，憑藉的是對人生積極主動的特質。一如自己認知可能不久於人世，他只有更加奮力向前，不斷獲得科學知識上的突破與跨越，才能證明自己活得不平凡。霍金的人生簡史，讓我看見他積極奮進的生活面貌，充滿勵志與淚水的人生，無與倫比美麗的超越，來自於世界是自己的定義的，他以積極主動的熱情生活，就能走出「與人交心、睿智有光」的人生旅程。

與其疲憊當濫好人，不如選擇做自己

年輕的孩子多半受困於同儕的眼光與壓力，受迫於似是而非的正義或善良，當你無法積極自主，你的人生只能「被選擇」。《可以善良，但你要有底線不當好人》說：比起花心思，配合十個豬朋狗友，不如積極自主地展現待人處事的底線，透過磁吸效應得來的真心朋友，才會更有價值！善良是一種智慧的選擇，以愛為名其實是一種情緒的綁架，勇敢地找到人我之間，相處的界線，被討厭，不等於「做人失敗」，連自己的底線都能犧牲，你還談什麼積極面對未來挑戰？學習捍衛自己與他人的距離，不要任意讓別人跨越善良的底線，懂得拒絕自己不喜歡的人事物，讓善良不只善待自己，也同理他人的能力，你的善良要有積極主動的鋒芒。

積極主動的傻瓜哲學

法國小說家尚．季沃諾的書寫情節竟然在現實人生中，三十歲的賴倍元決定在大雪山種下第一株苗開始，就為他贏得「臺灣樹王」的美名，他積極自主地選定人生目標，立志要一輩子種樹，即便散盡家財，耗費二十億元，也要為臺灣種下三十萬棵樹。《賴桑的千年之約》，實踐是積極的傻瓜哲學，一個從年輕到現在橫亙三十年不變的選擇，賴桑種樹的內在信念支持是什麼？種樹，實踐「簡單的事重複做，你就是專家；重複的事認真做，你就是贏家。」一個人把對的事，做到很大時，除了讓人深受感動，我們看見的是一個人堅持走自己的路，需要積極自主的心念與熱情，賴桑讓我們在追逐人生方向時，替許多幽微的生命提燈，為迷惘的人綻放生命燦亮的微光，鼓勵我們邁開腳步、積極向前。

雞蛋和石頭的選擇

黃益中《向高牆說不》開篇就提綱挈領地說，他期待學生能學會思考。他說：人生如果可以重來，他希望自己不要那麼早當老師，他想花時間去探索人生、追尋夢想。臺灣年輕的孩子應該學會積極主動力，不讓別人告訴自己，你應該向右走或是向左走。黃益中期待年輕的孩子，能離開舒適圈，利用空檔年，積極自主地選擇生活的樣態，可以去旅行，可以去探索興趣，可以在上大學前學習一些社會經驗，讓自己變得更成熟。對於教育，我們太功利也太速食，因此，黃益中教會學生的是，我們都需要暫停，讓生命留白，靜慢下來，反而能讓自己找到積極自主的能量，讓內在充滿自信。黃益中談的不是知識的堆疊，是雞蛋和石頭之間，我該選擇什麼？從選擇之間重新省思生命的價值，每個人都有機會用生命的熱情徹底改變歷史，只要你願意從現在開始捲起袖子去努力，展現你的主動與積極。

等待與覺知是積極自主的前聲

潘蜜拉堪稱甜蜜快樂的斜槓女青年，從不同文化的對比中，我們所學到的「優雅」法式教養，孩子不是我們人生的複製品，教養是要孩子學會積極主動，這些教養需要等待與體驗，讓孩子自然地融入生活的步調與氛圍，在既有的規範與框架中，尊重他人的時間與選擇性，找到自由與獨立的個人靈魂。法國人冷靜、優雅特質源自於許多「微不足道」的生活哲學，法式的停頓、等待、覺知看似簡單的內省，原來都是法國人能自主做自己的原因。

三本小說讓你學會積極自主

閱讀的世界，人人平等，只要你願意，就能找到知識的力量，積極改變世界的自主性。我和學生不追星，卻常一起追書，因為閱讀比其他人偷了不少安靜閱讀的甜美時光，更可喜的是，我和學生選擇用閱讀連結課室的情分，也從文本中，學會積極主動的能力。在有溫度的教與學的世界裡，孩子用他們喜歡的三本小說讓我明白：閱讀是一種品味，選擇甚麼樣的書陪伴自己、救贖自己、開悟自己。《盜墓筆記》展現大量盜墓術語和盜墓知識，劇情架構龐大緊密相扣，劇情天馬行空又真實生動，懸念重重、步步驚心，古墓風俗和鄉野傳說融入其中，在糾結人生局勢裡，每個選擇扮演何種角色，想要做出何種選擇，都展現生命情韻的自主性。丹．布朗曾說：「我的父母都是老師，因此我對歷史和研究才會如此著迷。事實上，如果我沒有成為作家，我很肯定自己一定會當老師。」每個人對自己的人生選擇展現自己的積極自主性，《達文西密碼》讓牛頓、波提且利、雨果，和達文西牽涉其中的秘密組織，隱藏在西方文明史上最大的歷史真相，為讀者帶來找到隱藏的歷史背後的真相，積極自主讓你找到神秘事物的刺激感，答案往往藏在被忽略的細節裡，從線索爬梳真相，解開答案的暢快，你優游在人物積極展現的生活情態。至於《詩魂》與前兩部小說有異曲同工之妙，被譽為東方的J・K・羅琳的陳郁如以穿越時空、冒險闖關為寫作軸線，以生動活潑說故事的口吻，讓唐詩解密的旅程變成一段又一段的奇幻的自主成長之旅。

三部小說叩問讀者：人生的答案只有自己知道，選擇什麼樣的人生方向，你就能走往自己的人生桃花源。面對人生，你可以再大膽一點。當生命做出決定之後，盡情展現積極自主的態度，就能對探索世界做出最大的熱情值。

推薦書單

《人工智慧來了》，李開復、王詠剛，天下文化。

《為了活下去：脫北女孩朴研美》，朴研美，大塊文化。

《我的人生簡史》，史蒂芬．霍金，大塊文化。

《為什麼法國媽媽可以優雅喝咖啡，孩子不哭鬧？：法國式教養，讓父母好輕鬆，孩子好快樂！》，潘蜜拉．杜克曼，平安文化。

《可以善良，但你要有底線不當好人：人際關係斷．捨．離，勉強自己和別人好，不如找人真心對你好》，午堂登紀雄，方言文化。

《賴桑的千年之約：「臺灣樹王」30年耗費20億元，種下30萬棵樹》，陳芳毓，遠見。

《向高牆說不》，黃益中，寶瓶。

《盜墓筆記》，南派三叔，普天。

《達文西密碼》，丹．布朗，時報出版。

《詩魂（仙靈傳奇1）》，陳郁如，親子天下。

11

多元思辨力

你今天也「美玉姨」了嗎？

✓「如何分析資訊，做出正確的判讀？」

✓「什麼是『思辨』的匠人？什麼是『思辨』的智者？」

✓「如何檢視自己和別人都是對的？」

怡慧tips　閱讀讓你看懂人性，成為思辨賽局的贏家。

當我的LINE群組不斷出現「美玉姨」——長輩群謠言終結者的訊息時，讓我忍不住擔心起來，這是另類的病毒勒索嗎？

後來，熱心的學生告訴我：「美玉姨」諧音「每遇疑」，這位機器人是LINE Bot開發者Carol Hsu發明的。起因為眾多LINE群組與訊息轉貼，常常未經思考，就進行轉發。假消息四處散播，Carol Hsu為了讓用戶快速查證訊息真偽，做到即時回覆，打造「美玉姨」作為謠言破解資料庫。

「美玉姨」是可以被邀請入群，並且快速幫所有人釐清謠言。那麼，我們有想過也要為自己的大腦升級，全方面打造生活多元思辨力嗎？

你只是單純活著，還是有在動腦？

二十一世紀資訊量快速成長，載具功能強大，每天從手機接觸的資訊量，早已超過上世紀我們一輩子能接觸的資訊量。面對有些訊息斷章取義或移花接木；雙重標準或焦點錯置；無中生有或查證不足，甚至誇大不實。在大量複雜的各項資訊中，我們很有可能迷失真相、做錯抉擇，甚至傷害到別人。就像尼采說：「對真理而言，信服比謊言更危險！」因此，面對問題的多元思辨力，相形變得重要與必須。一如德國的思辨讀本《向下扎根！德國最受歡迎的思辨讀本系列1～6》不只是學生認識政治事務的途徑，也是學生從小養成質疑所謂理所當然的事的思辨力教材，從易懂的例子讓讀者思考，激發對事物探究的好奇，成為我思故我在的現代公民。

理性地叛逆展現思辨力

面對事情，情緒或直覺在第一時間左右你的選擇與判斷嗎？你會在情緒高漲時，審慎思索大腦擷取到的訊息，學會「理性地叛逆」，展現多元思辨力，替眼前的困境，找到完美的答案與解決方案嗎？面對假新聞殺人，你除了生氣，是不是該自省不再讓悲劇發生？立場不同時，除了捍衛自己的論點，你是否該思考對方的說法可能是對的？你可以叛逆又理性，你可以想得多一點，讓誤解少一點，你可以多些同理，訓練自己角色互易的思考，讓自己不再做出錯誤的選擇！《30堂帶來幸福的思辨課：多想一點，發現更有深度的自己》列出三十堂課的思辨練習，帶領我們告別衝動的淺度思考，反思各種規定和多元文化價值，運用理性成熟的思維技巧，找到分辨是非的能力，做出正確的決定，讓人際圓融、生活幸福。

你的正義不是我的正義

桑德爾教授的「正義」課是一則課室教學傳奇，不只YouTube點閱率過百萬，開課人數還打破哈佛三百七十五年校史所有紀錄。作者是教學天才，雖然標榜自己開的是正義課，真正想教學生的仍是多元思辨力。他信手拈來的新聞事件，是談正義的議題，也是思考力的訓練，例如，他解釋康德，卻使用柯林頓的偷腥案來做案例；解釋羅爾斯，卻搬出伍迪艾倫的事例來做推理。他把理性帶進公領域，讀者必須訓練自己的思考，把正義觀說出道理，不能淪為「我說我對，我就是我對」。又如「康德」章中精彩四問四答，引領讀者思考黑白之間的模糊地帶，而非灌輸知識，在直覺反應與正義原則之間，來回思考，強調邏輯的完整度、緊密度，進行思辨力的修煉。唯有理性的思辨，社會才不會淪為互嗆的正義，民主對話的機制才能向上提升，人民的公民素養才能進化。

思辨讓你成為賽局贏家

當你看見「蜂蜜不純砍頭」、「我最便宜，買貴退差價！」等廣告噱頭，當下的想法是賣羊頭掛狗肉的騙局，還是信以為真，非買不可的衝動。當我們處於既競爭、又合作的年代，作者認為人生就是一場場賽局。我們為維護、增進自己的利益而擬出策略，同時他人也會藉由策略謀求自己的好處。遇上「人」和「利益」，我們是要合作互惠？還是要競爭勝出？「賽局理論」就是要我們透過多元思辨力，理解對方的立場、想法、優先順序，你只需巧妙搭配自己的需求，進而採取最佳策略，找出有效的策略，就能找到最佳的賽局模式，在人生場上突破盲點，無往不利，成為贏家。本書避開深奧難懂的經濟理論、經濟學複雜的算式或模型，以易懂的文字敘述，單純以思辨為主，透過邏輯推演，搭配跨領域案例（商場、職場、情場、體育場、國際政治場），帶領讀者鍛鍊贏家，活化思維的策略，學會掌握全局、預測未來、擬定做法的賽局思維，為自己的人生或未來掌握創新又精準的勝利方程式。

我怪，故我在

作者說：每個人的成長都會陷入在不甘於平凡與怪到沒救之間拿捏，如何在從眾中巧取一絲特立獨行？如何在掙扎中破繭而出？靠的就是在生活中找答案的思辨力。我們羨慕別人的獨特，但無力擺脫自身的枷鎖，如何憑藉思辨的浮木，讓泅泳苦海的自己，為人生找到有意義前行的航道？《怪奇事物所》是（冷）知識型網紅首部作品，讓讀者感受到神秘、有趣、不為人知的冷知識，原來是如此有思辨的議題。透過寫字所長的精妙解譯，你被壓抑的多元思辨力突然大爆發，在每則冷知識的註解和延伸觀點下，有更多的反思、激盪。

你認識鱷魚，但你知道鱷魚在水底下竟然是站著的。

你認識北極熊，但你知道牠其實不是白色的。

冷知識怪得讓你意外，確實能打開你的腦門，讓你在有趣、有哏、有用的冷知識中，找到思辨的濾鏡去深究。八十篇輕鬆幽默的圖文小品（囊括生物、醫學、科學、心理和歷史等），引發讀者有溫度、有態度的共鳴，發掘怪得特別又可愛的自己。如蜂蜜檸檬事件，不只讓人顛覆思考，也讓我們從怪事件中思考：「我怪，故我在」的真實意義。原來，每個怪奇的背後，讓世界因此繽紛美麗又趣味無窮。

發現廚房裡的秘密

你以為廚房只能烹調食物，填飽你飢腸轆轆的肚子嗎？不不不，廚房可以很「思辨」。作者沃克為你端出機智佐以知識的醬汁，讓我們的大腦能覓尋到美味的答案。生活中其實有很多可以思辨的事件，例如，海鹽真的是從海裡來的嗎？零脂肪的油真的沒有脂肪？阿摩尼亞竟然可以做餅乾？西班牙人的廚房為什麼沒有油煙？即便在君子遠庖廚的廚房，處處都是可思考的謎題。《泡麵為什麼總是彎的？》提到：烹飪是結合化學加上料理的一門藝術，當化學遇上料理無窮無盡的有趣變化由此而生。作者獨特充滿想像力的食譜，提供讀者理解生活中料理與解謎的趣味，帶來料理與思考碰擊的火花，原來料理可以開展樂趣，大腦進入一場滿驚奇豐富的解謎旅程，這可謂是廚房裡的一場思辨之旅呀！

世界比我們想像的美好

《真確：扭轉十大直覺偏誤，發現事情比你想的美好》這是二〇一八年比爾．蓋茲的年度選書，不只深具啟發也能帶領讀者走向清晰思考的世界。作者以「窮盡畢生之力抵抗全球的無知，傳播基於事實的世界觀的思維，帶領讀者思考世界的真正面貌。想要知道事情的全貌，我們應該客觀看待事情，真確地思考世界的各種面向，改變我們看世界的方式。基於真實認知的世界觀與事實行動去判斷，我們才能提出正確的結論。作者真正擔心的是，人們對自己的無知毫無頭緒，思考往往受到不自覺且可預期的直覺偏誤影響，一再給出錯誤的結論。因此，作者運用活潑的數據與實證，舉出十個扭曲認知的直覺，提出明確可執行的思考工具，告訴大家如何扭轉根深柢固的偏見。作家走在真確的路上，企圖改變讀者固著的思維，帶給我們思辨力的訓練，找出突破思維框架的契機，看見真實思辨帶來的美好人生。

清晰的見解就是力量

我們處在資訊爆炸，過多的訊息不一定有用的時代，歷史不會對我們的無知寬容，等你長大，你可能沒有工作可做？處於危險動盪的邊緣，人類還有什麼能力勝過ＡＩ？因此，運用多元思辨力，就是改變的力量。一如作者說的：每個人都能參與這場以「人類未來」為題的辯論，並發表高見。但，想要維持眼界清晰實在並不簡單。或許，這場人類未來的辯論，你能選擇缺席，最後的結果，你終將躲不過。作者哈拉瑞在「人類三部曲」的第三部《21世紀的21堂課》，聚焦於科技為社會帶來的巨大顛覆與重塑，帶領讀者運用多元思辨的思維，察知世局的詭譎多變，洞悉多元社會的正確趨向，探求心靈深處的真知卓見，在紛擾的現代，多元思辨力是通往智者之途的必修課。隨著歷史的發展，人類之所以由獨立個體變成群體，群體競爭又合作，是建立於共同的認知之上。而作者提到學校如何透過教會學生４Ｃ能力：批判性思考（critical thinking）、溝通（communication）、合作

（collaboration）、創意（creativity），還原學習的真實面貌，讓思辨力在課室扎根。

花錢也可以學思辨

吃喝玩樂都需要錢，心理學與行為經濟學翹楚丹．艾瑞利讓你知道如何運用金錢，其實需要思辨：你會為了節省六百元而跑去五分鐘車程外的特賣店，買一雙中意許久、價值二千八百元的跑鞋嗎？再思考：你要為了買一套八萬八千六百元的家具，也跑到五分鐘車程外的特賣店採購嗎？大部分的人會為了鞋省六百元而跑到另一家店採購，卻不願意為了買家具而跑到另一家店採買。為何都是省六百元，我們的選擇和行為不同？他善用詼諧的敘事手法，有邏輯地帶領讀者深入大腦思維，探索影響我們對金錢選擇的隱藏性動機到底是什麼？付錢用現金會三思而後行，刷卡卻只是一瞬間的決定，充滿各種思辨力的金錢決策，其實不上當、不受騙，靠的仍是思辨力，因為大腦邏輯影響我們對生活中其他重要事物的價值判斷：時間管理、職涯選擇、人際互動等，連花錢這種決定真實也是很思辨的呀！

我們此生選擇怎樣的路途，其實都與大腦的思辨有關。因此，面對挫折你要選擇謙卑，從錯誤中學習，你將「不貳過」。面對成功你要選擇謙卑，成功除了要努力耕耘，也需運氣的助益。《在這一生，你想留下什麼？》作者以十堂領導課的方式，提醒我們：領導沒有公式，卻可以透過觀察他人與自己的經驗，從中汲取智慧，最後，思考自己所欲，凝鍊出人生核心理念，擁有多元思辨力就能成為更好的人。因此，善用慎思之方，走向明辨之途，避免成為只求辯論勝敗的匠人，善於運用邏輯和批判思維，分辨是非對錯的真實性，不淪為偏見與情感所囿的爭辯，才能成為擁有「多元思辨力」的智者。

推薦書單

《向下扎根！德國最受歡迎的思辨讀本系列1～6》，克莉絲汀・舒茲－萊斯、布克哈德・懷茲、文安德・馮・彼特爾斯多夫，麥田。

《30堂帶來幸福的思辨課：多想一點，發現更有深度的自己》，琳達・艾爾德、理察・保羅，商周出版。

《正義：一場思辨之旅》，邁可・桑德爾，雅言文化。

《思辨賽局：看穿局勢、創造優勢的策略智慧》，貝利・奈勒波夫、阿維納什・迪克西特，商業周刊。

《怪奇事物所：你知道嗎？其實我們都很怪！》，怪奇事物所所長，時報出版。

《泡麵為什麼總是彎的？：136個廚房裡的科學謎題》，羅伯特・沃克，臉譜。

《真確：扭轉十大直覺偏誤，發現事情比你想的美好》，漢斯・羅斯林、奧拉・羅斯林、安娜・羅朗德，先覺。

《21世紀的21堂課》，哈拉瑞，天下文化。

《金錢心理學：打破你對金錢的迷思，學會聰明花費》，丹・艾瑞利、傑夫・克萊斯勒，天下文化。

《在這一生，你想留下什麼？》，約翰・漢尼斯，天下文化。

12

人脈投資力

機會，是留給人脈廣的人！

✓「為什麼我是最優秀的，卻沒有同學想和我成為同一組的夥伴？」

✓「我明明幫班上同學那麼多忙，為什麼他們還是看不到我的好？」

✓「每件事情都做得比其他人多，為什麼大家都看不見我的努力？」

怡慧tips 從閱讀學會用對理由、認識對的人，熱情走進社交貴人圈。

學習優秀的孩子，常常受困於人際關係的對應與互動，他們的優秀表現不只無法為他們贏得人際勝利的入場券，反而變成人際同溫層的「邊緣人」。

過去，我們被教育成追求贏的成功者，任何環境多少存在競爭的情況，面對輸，我們從沒有準備好，因為我們總在乎最後的結果。其實，學習歷程的可貴，人情的溫暖，常常在競爭中被忽略。

真正的強者，是讓別人變強者！

「投資自己，不是與人拚場；真正的強者，是讓別人變強者！就像美國著名作詞家約翰・佩里・巴洛（John Perry Barlow）說：『以前大家說，機會是給準備好的人；現在變成，機會是給人脈廣的人。』人際關係的藍海策略是彼此用最大的誠意讓大家共好，沒有私心，沒有立場，為了目標前進。《與人同贏》說：「有哪種投資可以長長久久？答案是人。人，是世上最值得投資的資產！」麥斯威爾博士說：「你只要掌握職場、家庭、人際關鍵二十五個共贏原則，輔以準備就緒×展開連結×建立信任×投資他人×互惠雙贏的動態實踐法則，你就能真正地與神同行。」我拍了拍孩子的肩頭，替他加油打氣。

「我從來沒有和別人合作的經驗，即便想創造雙贏，也不知如何做起，我真的毫無頭緒？」孩子有點無助地問。

「你的問題，其實也是老師過去的困境。當越來越多人看好你、神化你，你也因為他人的期待，不斷讓自己變得更好、更強，慢慢地，高處不勝寒，你的身邊沒有人了，沒有人陪你快樂、傷心；沒有人可以和你商量對話，最後，變成一個自己也不認識的自己。這樣的成功很孤單，也不是自己像想要的結局。」我的回憶湧上心頭，內心也有些感觸。

「歐陽立中《飄移的起跑線》新書未出版，就成為網紅，有一次他的發文更讓我心有戚戚焉：真正的高手，被敬重的不是技術，而是海納百川的氣度。當你把優秀的人推上檯面，不會使你失去舞台，增加競爭者，反而會讓這個舞台更熱鬧，也更多觀眾願意買票進場。這就是一起把市場做大，而不是擠在巷弄互毆。所以，聰明的人，把身邊的人都變聰明了，還有人會不認同聰明嗎？當身邊的朋友都變強了，難道你會弱嗎？你們互相提攜，一起壯大，改變的力量是你們，你就能找到人際互挺的美好。」我把這段文字轉傳給他。

「這些道理我都知道，但是我要如何真正去實踐呢？」學生進一步追問。

勇於面對自己，找到自己的定位

「做好人脈投資要先勇於面對自己，找到自己的定位。就像《拚的是現在，比的是將來》告訴我們：趁年輕，要對自己狠一點！務必要找準定位，找到值得自己堅持的目標，塑造『價值金字塔』，把自己打造成『頂尖人才』，透過四十五條優勢法則，讓你找到自己真正的特長，成最搶手的人才。其中提到：利用聚焦×投入的相乘效果，打造個人優勢；創造大眾口碑的『品牌效應』，都是你可以試試讓別人注意你的方式。」

「我要怎麼壯大自己，找到適合的朋友與我一起開創新局？」學生提起勇氣，繼續問我。

「如果，現實生活真的無法切斷彼此關係，至少學習在心中斷捨離，擺脫糾結的互動，調整人際的距離，專心在自己關注的事。《我決定，生活裡只留下對的人》提醒我們：遠離消耗你正能量的人，不要讓『對的人』、『好的事』被埋沒在紛亂的人際關係。你必須知道：誰是你生命提燈的貴人，不要在意干擾生命的路人。貴人會讓你進步，路人會阻礙你前進。就像歌手蔡依林、YouTuber 理科太太，他們面對噓聲干擾，成功做到《被討厭的勇氣》說的：有人討厭你，正是你行使自由、依照自己的生活方針過日子的標記。勇於面對自我，對於堅持的人生風格，不受負面聲音的影響，活在自己的生活目標，面對選擇，無所畏懼。保有獨特的人生風格，是另一種磁吸效應，它會為你找到志同道合的知己，成為互挺的貴人。」我露出「做自己」也可以很酷的表情。

懂得設定人際底線

「做好人我分際的管理後，我還可以做什麼和其他人保有好的互動？」孩子在筆記本畫下人脈投資力的流程圖。

「身邊會出現謙謙君子，也會出現腹黑小人，害人之心不可有，防人之心不可無。《有人就是要害死你！》提到：社會上不滿於現狀的人多不勝數，樹大招風是團體裡的不滅定律。當某人和活躍、發光、發熱這些形容詞無緣時，很自然地就會產生忌妒心、比較心。如何增加自己的人際抵抗力，破解小人、酸民的嘲弄，無需以暴制暴，但要學會積極保護自己，一如《你的善良必須有點鋒芒》提到：缺乏標準的善良，會為難自己，又慣縱了他人。在人際關係上，不被惡意傷害，設下善良的底線，也是很重要的學習。」我更積極地提出人際底線的觀念。

「拒絕負能量之後，如何進一步擴展我的人脈？」孩子提出自己的問題。

「《奇蹟男孩》裡的十歲男孩奧吉因基因缺陷而臉部變形（俗稱崔契爾—柯林斯症候群），第一天上學，就被同學的嘲弄打擊得傷痛欲絕，母親告訴他：你還有我……要奧吉明白有人愛他、挺他。就像《你不必和每個人都合拍》說的：認清自己不必和每個人都合拍，培養『放過力』，重獲『掌控感』，面對深愛你的人，他們把你放在心上的第一位，你也應該把他們放在自己生命的第一位，彼此分擔哀傷與喜悅，這些合拍的人才是你要認真關注與用心經營的夥伴。你不要在意過去經歷過什麼，現在要做的是：認真看待你擁有的資源，不要讓真正挺你的人離開。另外《卡內基教你跟誰都能做朋友》提到：第一次見面務必留下好印象，你可以做到：專注傾聽、提出別人很想回答的問題、鼓勵對方多談談自己的成就，這些做法可以讓你迅速和他人熱絡起來，讓人從『有戒心』變到『有興趣』，從陌生到熟悉，如何營造良好的對話氛圍，是人際溝通的大學問。」我從如何交朋友的議題導入。

把路人變貴人

「老師，我要如何積極串聯社交人脈，把路人變貴人？」學生加碼地問。

「根據 Globoforce 的統計，每週工作時數三十到五十小時的人，有近八成同意自己與同事相處的時間，遠遠超過與家人相伴。所以，發現生命的貴人很重要。小說《哈利波特》的石內卜，剛開始出現時，大家都以為他是面惡心善的大壞蛋，讀著讀著，你會發現他是默默幫助哈利波特邁向成功，避開險阻的關鍵角色，千萬用心別把貴人當小人，錯過真心相待的機會。貴人雖然很難遇到，也很難特意求來，只要做好準備，每個人都可以成為別人的幫助者。一如《別自個兒用餐：製造機緣、串聯社群，把路人變貴人的33個人脈法則》，要在數位時代讓自己的人脈擴展，必須從心態、訣竅、化疏為親、提升自我與回饋。貴人，其實是自己創造出來的。如何用心傾聽、大方無私，讓他人更成功；如何巧妙連結，讓人際圈子交錯、加深加廣；透過三個步驟打入夢想人脈圈，做好關係行動計畫表；加入活動主辦團隊，以八個職業製造機緣，認識人脈達人，善用人脈法則，用心看身邊的人物，讓許多意想不到的機會出現在自己的日常之中。」

複雜的人際關係與社交人脈的拓展，用對方法，就能把路人變貴人。看似「幸運」出現的社交情境，其實都是有心人營造出來的機會。一如史丹利．艾林說的：當今世界上最有用的人，就是那些懂得如何與別人好好相處的人。但願學生從閱讀學會用對理由、認識對的人，以熱情待人走進社交貴人圈，創造更多的雙贏機會，利人也利己。

推薦書單

《與人同贏》，約翰．麥斯威爾，商業周刊。

《飄移的起跑線：「不公平」是人生的本質，讓「瘋狂學習」練就你最強的特質》，歐陽立中，悅知文化。

《拚的是現在，比的是將來：人生要有3次重要跳槽！45個優勢法則讓你成為職場最搶手的「頂尖人才」》，老可，野人。

《我決定，生活裡只留下對的人》，楊嘉玲，采實文化。

《被討厭的勇氣：自我啟發之父「阿德勒」的教導》，岸見一郎、古賀史健，究竟。

《有人就是要害死你！》，榎本博明，遠流。

《你的善良必須有點鋒芒》，慕顏歌，采實文化。

《你不必和每個人都合拍》，水島廣子，仲間出版。

《卡內基教你跟誰都能做朋友：影響全球3億讀者，人際溝通聖經《人性的弱點》，讓巴菲特終生受益的唯一一門課！》，戴爾．卡內基，野人。

《別自個兒用餐：製造機緣、串聯社群，把路人變貴人的33個人脈法則》，啟斯．法拉利、塔爾．拉茲，天下雜誌。

13

好奇探索力

人生如何跨界變斜槓？

- ✓「我如何嘗試自己沒做過的事？」
- ✓「我想真正走出舒適圈容易嗎？」
- ✓「如何突破極限，創造不一樣的學習？」

怡慧tips　從閱讀中發現自己，找回探索世界奇奧的好奇心。

「人生短短幾個秋啊，不醉不罷休，東邊見我的美人哪，西邊黃河流。」男孩清唱一段近來最夯的歌詞，惹得大家笑彎腰。

「怎麼了，今天那麼逗趣？〈愛江山更愛美人〉是何種妙解？」孩子的表現引起我的好奇。

「讀那麼多書還不是曇花一現，一考試就破功，真是厭世！」男孩哀聲說出。

「人生如夢幻泡影，如露亦如電，分數場上放輕鬆，爭甚麼？」男同學故意文謅謅地回話。

「義大利女作家戴麗達曾說：人生不過是塊蹺蹺板，今天升起，明天落下，後天會再升起。不管你處於升起或落下的階段，絕不能失去對世界的好奇心，對環境的探索力，好奇心讓你胸襟開闊、思維多元，心情豁達、活力充沛，面對嶄新生活帶來的挑戰，具有滿滿能量再出發。」我刻意比個讚，替他打氣。

「老師曾說：活著是尋找活著的意義，但是為生活找個好理由，真的好艱難……」男孩有點氣餒地問。

「你願意把心情抒發，找個出口的做法是對的，悶在心裡更是厭世。收起悲傷，我們來換個視角：近代，有人發現好奇心對學習和記憶的正影響，好奇心創造旺盛的探索力。如何善用好奇探索力，讓我們學得跨界又創新，具有玩心與科趣，就能用不同眼界，看待美好的世界。目前最夯的斜槓青年不滿足單一職業或身分的束縛，因為好奇心與探索力驅使，讓他們的才華和機會超——展——開！」我鼓勵地說。

「就像《好奇心》提到的：我們要學習費曼看待世界的心態，好奇心是人類走在『為什麼』路途上的探索力。科學史上的偉大發現，豐富的知識盛宴，常常是滿足一個人的好奇心而已，一如《別鬧了，費曼先生！》帶給我們發現的驚喜與探索的快樂。」說完，我開始列出幾本與好奇探索力相關的好書給他們。

對理財有好奇，無腦也能致富

曾經歷一段失業宅在家、沒社交的「樂活大叔」施昇輝，他並沒有放棄對生活探索的好奇與熱情，他寫了一本《無腦理財術，小資大翻身！》，要我們無論起薪多少，都不能放棄理財的熱情，他用超簡單投資法吸引我們對年輕就能理財的好奇心，看起來是談理財投資，實際是本心靈雞湯書，「無腦」理財時代，越年輕就學會財務管理就能遠離「煩惱」。學習理財不僅能穩穩投資，還讓你樂於工作。這是一本顛覆讀者理財觀的實用閱讀書，以一百篇豐富小資男女的實例，循序漸進、深入淺出地傳授年輕人投資心法——基金、期貨、權證、保險，近年最夯的ETF，都能因應個人的需求，找到各項投資的機會與威脅，優勢與劣勢，達到財務自由的第一步。大叔看似簡單的投資小招數，激發我們對理財的好奇，讓我們保有學習的探索力，在一個又一個「為什麼」中，尋回知識性好奇的求知欲。

對生活有好奇，連飲食都是哲學

生活的哲學，看似難懂，透過持續地思考與尋訪答案的歷程，內在難解的困惑，逐一清明。就像飲食觀察家葉怡蘭以「享樂」為終身職志。她的「享樂」，不是聲色犬馬之樂，不是追名逐利之樂，是對生活充滿好奇，以更有趣的眼光長期認真涉獵、深度累積周遭事物的樂趣，從五感與心靈的對話，開展由內而外的歡愉，學習新知像記錄美好的發現，讓你享受由衷的快樂。《日日三餐，早·午·晚》是身為食材雜貨鋪主人對食物的致敬的經典，她獨選六百多道各式菜品，大自家宴小到獨食，從山與海食材的賦格，鮮味與淡意的呼應，飲食觀察家在好奇探索力的驅動下，即便簡單做、原味吃，也吃出與眾不同的居家生活美感與哲學。

好奇探索力是原創精神

許悔之是一位理工出身卻在年輕時以詩作叩響文壇的天才詩人，他在歷經編輯工作後，中年毅然投身文創，甚至走向習字書畫之途，抄經學佛，多種角色融於一身：詩人、出版人、散文家、書畫家……，《就在此時，花睡了》得見他的人生充滿好奇探索的美與祝福，專注於每個階段自己敏銳觀察世界的有無時序遞嬗，許悔之心中有美的探索力與對生命的好奇心，因此，每個階段的許悔之都因為這個特質，讓自己活出品味與獨特。原創細節就在俯拾即是的生活中，你必須像許悔之一樣用好奇心去探索與觀察，把美好剎那捕捉下來，乘著想像的羽翼翱翔於每個創作的奇奧旅程，探索自己想像出來的美麗世界，優游自在！

好奇心讓美的感知覺醒

晨曦照拂髮梢的溫暖是美；夕陽倒映池畔的光影是美；梔子花綻放枝頭

的盛景是美；母親握住孩子的手溫是美；朋友相互擁抱的姿勢是美……蔣勳《美的覺醒》堪為走進美學的入門書，替讀者重拾對生活的好奇探索力，建構美好生活的視野與心法。如何讓五官透過美的召喚而甦醒，透過身心五感平衡法，如何開展感官自然地感受美、欣賞美、分享美。當美感反觀到內在，進而體驗自然之美、生活之純、人情之豐。好奇探索力讓我們找到美是探索內在源源不絕的熱情，觸動愛人與被愛的覺醒。回歸善意樸實的世界，追尋自然之真，邂逅生命之善，擁抱人情之美，讓生命「美的存摺」，積蓄更多的人生情分和心靈智慧，你可以更勇敢嘗試自己沒做過的事。

認識你可能不知道的世界

看到福島核災、墨西哥灣漏油等能源災害消息接踵而來，當自然反噬人類之際，你該如何防患於未然？在不斷變革的世界：二〇三〇年可持續發展議程發現到：消除貧困與飢餓、應對氣候變化、維護自然資源是我們未來要持續關注的議題。面對未知的世界，我們更需要好奇探索力來認識身邊的環境，當糧食、能源不足之後，人類將面對的挑戰與問題：能源高度開發後，全球暖化問題，颶風、洪水的襲擊，我們又要怎麼提供方法，解決未來世界層層衍生而來的問題？

如果明天台電倒閉了，我們該怎麼辦？除了天然氣？太陽能？電力發電？風力發電？面對能源發展，我們還有更特別的選擇嗎？

對於一個未知的世界，我們無須擔心恐懼，只要用探索力就可找到改變困境的答案，再者，你也可發揮好奇心去思考：當你有機會面對總統時，關於能源，你會做出何種建言？你會希望國家積極投入能源替代方案？抑或是要人民保守地謹守能源節約的做法？看似衝突的兩個方案中，你能憑藉課室中所學的專業與能力，為總統做出折衷可行的建言嗎？《給未來總統的能源課》提供我們如何發揮好奇探索力找到未來議題的解決方案，讓能源短缺的世界，因你的建言而改變。

觀察人性需要好奇探索力

呂秋遠在《噬罪人》用二十五個小故事，分享看似嚴肅的法律問題，從中衍生而來的諸多人性問題。「律師」，經常要扮演噬罪人（Die Seele des Bösen）的角色，不是「飾」罪；不是「拭」罪，而是「噬」罪。對於法律與人性的拉扯，每個案例令人好奇的是：法律看來不能解決所有是非善惡問題的答案，人性才是真正能捍衛法律價值的抉擇。一如東野圭吾在《空洞的十字架》曾討論的：有形的責罰，是否真能撫慰受傷的心靈？無形的責罰，難道做不到讓加害者背負一世的內疚？平凡的你我在黑暗與光明的模糊地帶，如何守住人性的溫暖與誠實……原來，對於人性與人情的平衡點，我們一生都在探索。

藉由律師社會之眼與正義之心，在情、理、法之間，讀者願意多些好奇與探索的元素，就能找到答案的平衡點。把衝突、糾葛的情緒，難解、無解的問題，從人性的角度出發，才能找到真正的真理，從人情的角度找答案。

一如陳文茜所說：「生命必須有裂縫，陽光才能照進來；生命必須躺得夠低，才明白世間的美。」關於理性的人性，感性的人情，我們都因好奇探索之後終將理解：人類因為受傷而成長；因為寬容而慈悲。

接軌好奇與探索看見建築之美

一如往常，我們在學校讀書、家裡休息、餐館吃飯，圖書館念書，看來一天有很多的時間都與建築物在一起。我們難道從未好奇：人類為什麼會開始蓋房子？第一間房子是如何建造出來的？房子為何每間都長得不一樣？問題是住在建築物中的我們，是否有過好奇而探問？

《建築的故事》是人類與建築之間，因好奇而對話，因探索而連結的深情作品。

十六座承載歷史況味的建築物，乘著好奇的羽翼，訴說它們為何能成為一個城市的地標？藏在屋梁、磚瓦間的故事，醞釀過多少先民的夢想與希望？神奇迷人的金字塔、美輪美奐的泰姬瑪哈陵、歌舞昇平的紫禁城……當我們驚嘆建築物巍峨壯麗的外表時，作者用探索的眼光帶領讀者從情感層面來讀懂建築物背後想呈現的情感與思想。建築其實是充滿動人心弦的故事收藏所，一如每位建築師都想守護自己創作的信仰一樣，讓住在建築物中的每個人，無論貧窮、富裕、神聖、卑微，都能在建築物中找到建築者企圖守護他們、關懷他們的使命與力量。

原來，每個建築物的故事，讓讀者窺見建築師想給予居住者一份超越時空、滿滿祝福的溫燦，一如書訊所云：「建築物與人類的相逢，就像一期一會、一日一生。」

愛因斯坦因好奇心而出現相對論，顛覆我們的時空觀。上述十本書皆因好奇探索的力量而生成。成就分數並不能決定我們在世界地圖的位置，反而是要時時報以好奇之心，發揮無限潛能，達到愛因斯坦說的：「我沒有什麼特殊天賦，只是擁有熱切的好奇心，來面對世界萬物。」張潮對學習躍動的熾熱好奇心，在季節遞嬗流轉間相對應而出文本《幽夢影》：「讀經宜冬，其神專也；讀史宜夏，其時久也；讀諸子宜秋，其致別也；讀諸集宜春，其機暢也。」期待承載好奇探索力超展開的十本書籍，能依循時序，汲取知識的芳馨，帶給學習者好奇探索世界的熱情，進而勇敢走出舒適圈，突破極限，創造不一樣的人生風景。

推薦書單

《好奇心：從達文西、費曼等天才身上尋找好奇心的運作機制，其實你我都擁有無限潛能》，馬里歐．李維歐，馬可孛羅。

《別鬧了，費曼先生！：科學頑童的故事》，理查．費曼，天下文化。

《無腦理財術，小資大翻身！：無論起薪多少都受用的超簡單投資法》，施昇輝，有鹿文化。

《日日三餐，早．午．晚：葉怡蘭的20年廚事手記》，葉怡蘭，寫樂文化。

《就在此時，花睡了》，許悔之，木馬文化。

《美的覺醒：蔣勳和你談眼、耳、鼻、舌、身》，蔣勳，遠流。

《給未來總統的能源課：頂尖物理學家眼中的能源真相》，理查．繆勒，漫遊者文化。

《噬罪人》，呂秋遠，三采。

《建築的故事》，派翠克．迪倫，三采。

《好潮的夢：快意慢活《幽夢影》》，張曼娟，麥田。

14

藝術美感力

到巷弄小書店遇見美

- ✓「美感經驗怎麼累積？」
- ✓「讀懂現代詩跟美感素養有關嗎？」
- ✓「我如何打開感官，在生活中感受美的事物？」

怡慧tips　因為閱讀，懂得感受、品味生活中所有美的事物。

鄭愁予〈野店〉提到：「是誰傳下這詩人的行業，黃昏裡掛起一盞燈，哀傷的記憶就被這樣美麗詩句承載了愁緒，憑藉著微光的方向，重新啟程了。」我被詩人浪漫的情韻感染，私心以為：世界最動人的職業非詩人莫屬，它不染俗世煙塵，不沾歲月凡味。

詩人說的是：人生的清澤，相忘於世，悄然相見，是捨亦是不捨。

詩人說的是：最深的孤獨，以時光純釀的字句，串成最初的美麗心意。

詩人說的是：回家與離岸的靈魂，滄桑飄零，蒼老痛苦，總有人為你提燈守候。生活如果沒有美感藝術力相伴，無法在雜亂的生活中找到靈犀的方向。

詩，讓躁動的靈魂安靜下來

「要不要撥空陪老師到喜歡的書店探險？」月考完，我熱情地邀約學生。

孩子們欲言又止卻含蓄地答應了。

孩子們的猶疑到底是為了哪樁心事？

孩子們真能品啜天暖醞釀的流光詩情嗎？真能品味春意醃漬的自然畫藝嗎？

那日，特意要搭乘區間車，希冀他們在緩慢的韻動中，感受歲月流瀉的恬靜氛圍。只可惜，孩子們多因考後的倦累，紛紛在座椅上睡去。

記得，小時候，特別喜歡陪母親搭火車，家境不甚富裕的我們，常常搭乘平快車探訪親友。趴在窗口看風景的我，從樓房工廠晃動到層巒疊嶂；從市聲鼎沸移轉到山嵐氤氳，心靈被一個窗格、一個窗格的景致爬梳而過，躁動的靈魂就安靜下來。

到底還是兩個世代的距離，他們都太習慣快速的生活步調，無法與我同受這份緩慢移動的美好流光。翻開《品味唐詩》，蔣勳的解讀，讓你找到天光雲影、詩詞相隨的愉悅，季節跫音叩響唐詩的情韻，他妙解琵琶行：「同是天涯淪落人，相逢何必曾相識。就是人與人之間有共同的生命默契，我們都在生死中流浪，是知己，也是陌路擦肩。」陌生又熟悉的人，恍若前世今生。熟悉又陌生的人，猶是咫尺天涯！

「老師，你在發呆？想起哪個人？哪一段風花雪月？不休息一下？」女孩幽默地問。

「侯孝賢說過：創作的時候，不能想著得獎，否則就完蛋了；學習的時候，不能想著分數，否則讀書就沒樂趣了。旅行的時候，不能想著睡覺，否則錢就白花了。」我調皮地調侃起女孩來。

「老師，你怎麼有這麼多有的沒的道理能聊？扯來扯去都是人生大道理。果然是愛讀書的人耶，很是適合當老師……」女孩邊堆起笑意邊淘氣地說。

「你是恭維還是暗貶……不過，說到書，我倒是很有精神……壞天氣，我喜歡待在書店找縷縷燦陽；好天氣，我也喜歡賴在圖書館尋找片刻沁涼。每本書也都會有個賞識它的讀者，是一見鍾情的驚喜；是情有獨鍾的相遇，每個人都會有喜歡的書類和閱讀的品味……」滔滔不絕的語句驚動了熟睡的孩子們，紛紛醒來又抿著嘴笑了。

關於書店，都有美麗的故事

「待會兒，帶你們去找一家很厲害的獨立書店。待會兒只要你們搬得走的書，都算在我的帳面上吧！」我豪氣地說。

「老師，確定我可以自己選書，不計價位？本數？你都會送？」女孩試探地確認著。

「是呀！喜歡的書盡量搬吧！老師還負擔得起，不過吃飯的錢就沒著落了，得餓肚子了……」我故意裝可憐地說。

孩子們摸起肚子，調皮的模樣，十分可愛。

「好久沒走進書店了，突然覺得自己好像劉姥姥進大觀園哦！」女孩開心地說。

「書店對書籍採購與擺放的堅持，大略可推測到老闆對書類的偏好與堅持，還有他們對閱讀情境與生命認知的想像，很值得你們去用心感受。」我提醒著他們可以注意書店氛圍的營造。

中學時代，家附近的巷弄轉角，有一家很特別的二手書店。老闆是位打扮風雅的中年人，談吐舉止十分有書卷氣息。讀者常常會纏著老闆問：「我要的書擺在哪裡？」「我要的某本書來了嗎？」「可以讓我瀏覽一下內容再買嗎？」

老闆總會停下手邊整書、搬書的事，很快地給讀者或買書者滿意的答覆。

上大學後，讀到《查令十字路84號》，耳邊迴盪起蔡琴的老歌：「是誰，在敲打我窗？是誰，在撩撥琴弦？那一段被遺忘的時光，漸漸迴昇出我心坎……」結果，伴隨徹夜的是未眠的心事無數以及那樣濟濟掉下來的淚珠兒。或許是，來到新的城市後，失去依恃的小書店，少了陪我聊書的老闆，因為聊書而能彼此關心、相互了解，甚至建立一段純摯的情誼。這樣的故事讀來，讓很深的感動在心底流竄著。屬於84 Charing Cross Road的閱讀記憶，會是這樣溫柔、美麗、深情的寫在我們的心版上，溫潤著我們的生命，滋養著我們的性靈，與書為舞，翩然優游。

有次興起，翻開席慕蓉《七里香》詩集，拿起紙頁開始手抄，卻擔心自己的逾矩被老闆發現，心虛地躲在一隅。突然，老闆無聲無息地搬來張凳子，要我坐下來優雅地讀詩、寫詩。

「任何讀者在書店，都要開開心心地讀書、選書，好書要慢慢讀……你站在橋上看風景，看風景的人在樓上看你。明月裝飾了你的窗子，你裝飾了別人的夢。你的身影剛好讓我想起卞之琳的《斷章》，待會兒也可以讀讀卞之琳的詩集，詩人因夢想而創作，讀者因閱讀而有夢想。」

老闆的心思震撼我，為書代言的傻勁感動我，我對獨立書店有私心與偏愛。再回首，每段生命重要的時刻，總有家書店陪伴我們成長，能用買書的方式向書店老闆致敬，是自己能做的小事了。那個時代，人窮志不窮，一群熱愛文藝，愛閱讀的人都聚在書店看書，譜寫自己的閱讀樂章。

等一個人的詩集

關於書店的集體記憶消失在3C產業盛行的今日，當我的學生都不看書、買書了，小書店因而一家家關門，內心總有說不出的焦慮與翻騰的痛楚。世界有它運轉的規則與軌道，不管你喜歡不喜歡，願不願意……

「關於書店的往事有什麼值得回味的嗎？」女孩滿腹疑惑地問。

「曾在一家小書店等過一個人。時間一分一秒的過去了，他還是沒有來。漫長的等待讓我有些生氣與焦慮，是手上的詩集安頓苦悶的心緒，讓我有能力繼續等下去……」悠然地說著。

「後來，那個人來了沒？哪本詩集讓你繼續等一個不來書店的人……」孩子們圍上我，似乎對這個話題很感興趣。

「是楊牧的〈蘆葦地帶〉，詩句傳達某些不安、猜測、希望、絕望的複雜情緒，一如等待的千迴百轉、心情翻騰。原來，愛的餘燼中仍有淚的餘溫可當成紀念。」感傷地說著往事。

「老師，你還好嗎？等一個人的詩集，這故事不輸給《等一個人咖啡》，很浪漫……」女孩貼心地安慰。

我拿起詩集《我的強迫症》，它有絕版的高傲，多情的浪漫，人道的慈悲，鏗鏘的梵音，更多的是與自己對話獨處的餘韻！心若沒有停歇的地方，到哪裡都是流浪。

讀著詩人的前半生，看著文字與其生命的辯證，每首詩都給了答案，清清朗朗，以美作為詩集最後的依歸。一如木心說的：萬頭攢動火樹銀花之處不必找我。如欲相見，我在各種悲喜交集處，能做的只是長途跋涉的歸真返璞。

《我的強迫症》有火樹銀花的炫目之美，也有悲喜交集的人間之善，更有歸真反璞的生命之真。

往事已矣，許多感覺卻歷久彌新。燈火闌珊處，有著故事、有著溫馨、有著傷心、有著淚水。關於一本詩集，關於一段人生，關於一個啟程與回歸，《我的強迫症》都給了答案。

為自己愛的人寫封信

閱讀的時光。乾乾淨淨。安安靜靜。世界或許會背信於你，但文字不會。讀懂，思念就是海角天涯！如果有時間，為自己愛的人寫信吧！用手執握，忠忠實實地，一筆一筆，為對方寫盡生活的喜怒、人情的哀樂，就像《巴黎小書店》告訴我們的：因為「距離」有了「等待」，因為「等待」有了「思念」。魚雁往返的魔力，在時差裡醞釀出愛的純味。心情隨文字馳騁於沙沙價響的紙頁間，理性與感性的游移，字字落款、句句尋思。裝入精選的信封，寫上熟悉的地址、貼上紀念的郵票，信走段遠路，試探靈犀的方向。

和孩子重遊巷弄小書店，憶起許多和書店、閱讀相關的回憶，如紀伯倫說的：「你的孩子不是你的，他們是『生命』的子女，是生命自身的渴望。他們雖然和你在一起，卻不屬於你。你可以給他們愛，但別把你的思想也給他們，因為他們有自己的思想。你可以勉強自己變得像他們，但不要想讓他們變得像你。」

所謂美力時代，生活的美感藝術力加值生活的品質。因為閱讀，讓你懂得優雅地獨走在人生之路，因為閱讀，你懂得細細收藏美善的人間情分。或許從一間又一間的小書店，串起自己生命美感的故事。多希望孩子也懂得這份因藝術尋回的美感力，讓學習充滿「不得不美」的視域。讀懂，是傾一次同理的真情眼淚；讀懂，是走一回痛快的人生風景，原來，藝術美感不遠矣，只要你願意打開美的感官，與之相遇。

推薦書單

《品味唐詩》，蔣勳，有鹿文化。

《鄭愁予詩集I、II》，鄭愁予，洪範。

《七里香》，席慕蓉，圓神。

《楊牧詩選：1956-2013》，楊牧，洪範。

《查令十字路84號》，海蓮・漢芙，時報出版。

《給孩子的詩》，北島，漫遊者文化。

《青春無敵早點詩：中學生新詩選》，楊佳嫻、鯨向海主編，親子天下。

《我的強迫症》，許悔之，有鹿文化。

《等一個人咖啡》，九把刀，春天。

《巴黎小書店》，妮娜・葛歐格，皇冠。

輯三

讀懂世界

15

跨域合作力

機器人也無法取代你

✓「如何放下身段，與別人合作？」

✓「我想保有個人特色，也想和別人組隊奮鬥，可能嗎？」

✓「如何打造團隊合作的成功鑰匙？」

怡慧tips 閱讀讓你學會英雄淡出，團隊勝出的合作力。

面對多元文化時代，如貝克說的：「全球化是距離的消失。」意味疆域的崩解、民主國家文化的越界，我們得向專業學習、向跨領域學習，跨域合作力將是未來躍遷的重要能力。一如蔡增家用電影為學生上一堂最生動的國際關係課，一堂秒殺的通識課，用電影帶領學生跨域認識世界與合作力的重要，這也符應大前研一說過：「知道世界發生什麼事，並且對這些事有提出觀點的能力。」

一個人走得快，一群人走得遠；塊炭熄得快，群炭則燃得久。沒有人是萬能，發揮所能，整合專業力量，發揮跨域合作力，才能完成不可能的任務。

想要成功地跨域合作，必須要打破年齡、地位、族群、性別的藩籬，一如卡巴列夫斯基說過：「要成為數學家，不可能不是心靈上的詩人。」數學創作含求真的數學知識，也蘊含求美的文學技法。多元觀點、心態、能力、視野，在與時俱進的今日，任何工作都得要擁有跨域合作的能力，才能事半功倍。

寫作革命的跨域合作力

李洛克說故事說到你的心坎，分析電影專業到你拍案叫絕，對桌遊設計的專業，寫作的熱情，溝通術的暖度，在在都印證跨域合作力的重要，他是不折不扣的斜槓青年。打開《寫作革命：散文、小說、文案、社群貼文輕鬆進階的40道練習題》，他不只全面有系統讓你學會寫作，還鉅細靡遺地用接地氣的方法，讓你變身為下一個努力的寫作天才。最重要的是，李洛克顛覆你對寫作的想像——有才、有料、有哏，不只用具體可行的方法教學，還要讀者從四十道練習題去刻意練習。尤其，透過線上回饋，一對一教學，全盤開啟跨域合作的新視界。讓讀者從寫作無感到五感全開，讓讀者從無力寫作到創作 Hen 給力，李洛克把寫作連結跨域合作力，讓讀者以寫作啟動團隊勝出，英雄淡出的新視界。

跨域合作成一流人才

速溶綜合研究所是由不同領域的專家組成，在跨域合作的時代，他們各自負責書籍圖解製作和研究的工作。讓原本複雜難懂的知識，變成易懂實用的圖解模式，讓讀者更輕易地獲得專業的知識。《一流人物要有的觀察力》告訴讀者：甚麼叫長眼？原來，成功的人都善於在小事中察言觀色。所謂魔鬼藏在細節裡，請你換位觀察，看一看一流人物必備的能力：為何是懂人心、通人性？什麼故事可以打動人心？什麼說法叫做一句入魂？什麼資料會讓人不加思索就買單？當你善用觀察力就能找到別人看不見的「差異性」與「相關性」問題，運用正確的訊息，就能吸引聽者的感知。當你善用敏銳的觀察力，就能運用縝密的邏輯去思考，讓你成為問題解決專家。跨域合作力不僅能拉近人際的距離，妥善運用體察心，找到同理感，也能為自己推動的事情，帶來強大的助力，因為你為一流人才找到一處安適的棲息聚集地。

跨域合作的行銷力

每次參加園遊會，幾乎所有攤位都會販賣冷飲，為什麼有的攤銷售爆表，人潮爆棚？有的卻門可羅雀，顧攤者比顧客多呢？在行銷決勝負的時代，如何透過跨界合作，找到懂得人心的創意、靈感，勝過感覺良好的閉關自守。《關鍵行銷：消費心理學大師的10大黃金行銷課》提到：行銷，要掌握消費者的「行為」，心理學家與廣告大師亞當．費里爾以行為經濟學的核心觀念，讓讀者實際學會如何有效刺激消費者改變行為，進而改變認知。行銷靠的是心理學以及問題解決的能力，這也提醒我們：機器化時代跨域合作力的重要。掌握策略方針才能徹底改變消費者行為，動之以情觸動買氣，就像全國電子賣的是跨域服務足感心的品牌形象。善用團隊合作代言品牌，刺激買氣，是眾人服務，為你集氣的樣板化發酵心態。透過眾志成城的努力，為品牌打造金字招牌，行銷背後的創意凝聚的是眾人智慧的濃縮。

跨域合作創造的網紅新時代

波蘭導演奇士勞斯基（Krzysztof Kieślowski）曾經說過：「人在某一時間、某種機遇下的抉擇，將改變他的一生。」因此，我曾在《諫逐客書》的課堂中和孩子談過：人才的選用是否要有外流與流入的概念，人才外移的優勢與劣勢？人才引進的優勢與劣勢？小自個人，大至社會、國家、國際，我們的思考與判斷都會產生不同的結果？甚至，每一個決定都可能產生「蝴蝶效應」，尤其是在人才移動的時代。透過跨域合作，讓國際人才流動一如《網紅經濟》說的：如何在移動力強的互聯網時代，創造千億紅利的市場現象。一個人的單打獨鬥無法成為共享經濟，分享網紅市場千億大餅的長紅機會！網紅經濟持續發展的背後，驚人產業鏈靠的是強大的跨域合作力。

跨域讓你知道合作的可貴

在慣常的生活中，你想過要來點不一樣的改變，望見未來的無限可能。《臺灣沒說你不知道》讓生活在山與海賦格的島嶼的我們，跨域理解先人走過的足跡，用汗水連綴的故事，土地意義與先民華路藍縷的連結，不就是最早跨域合作的示現嗎？看似無人聞問的冷知識，藏在歷史牆面的罅縫中，我們若能認真跨域觀察探問，就會發現臺灣是蘊藏豐富文化、溫暖人情、動人風土的地方。

你或許尋訪過北故宮、南故宮，但是你知道，最早的故宮在臺中嗎？你知道，臺北的北門為什麼和其他長的不一樣……

當你願意跨域了解每個「不知道」，就找到穿越時空，與真知識合作的力量，就能更貼近土地的原貌。從知道母土的過去、現在、未來，打造跨域合作力，在彼此的生命中，為臺灣的美麗故事創造更多的奇蹟，跨出去與人合作，共好成功的契機就在你身邊。

當知性遇見感性的跨域

還記得小時候，仰望星光的心情嗎？總以為最燦亮的星子代表的是最獨特的自己，也以為會有一顆志同道合的星子與自己重疊在某個光點上，熠熠閃閃。克卜勒仰望的星空是理性的，杜牧仰望的星空是感性的，一如我們的生命無論理性或感性，都是時代最美麗的星子。《星空吟遊》讓讀者在廣袤的星空裡，望見某顆星承載過我們純粹透明的想像：為我們祝福過，為我們閃亮過。原來，跨域也可以是向自然萬物學習，望向星空發現宇宙傳遞一股莫名的神秘力量，召喚我們尋回與人和平相處，共創美好的初心與初衷，走回星光閃爍的人生，這是向自然四時學習的跨域合作力。

有任務出走的跨域

《旅行私想》的作者毅然決然離開舒適圈，嘗試換個生活模式，有意識地出走，從跨域的視角觀世界、看別人、想自己。有任務的出走是爬梳混亂生活，找回自己的儀式。從土地風景的移動，開始與內在對話，你會找到不同的生命旅伴，帶給你的啟發與點撥。偶爾，迷途，享受一點點背離常軌的浪漫，發現有人向你伸出援手的合作力；偶爾，走不動了，享受留白與靜謐帶來的靜心澄澈透明的安靜，看見出走跨域遇見人情的欣喜。每次有任務的跨域，無論是孤獨行旅、家人同行、朋友相伴、陌生人襄助，都能讓跨域出走的每一步，找到天涯若比鄰的合作力，感動就從跨出去開始。

跨域合作超越時空的藩籬

兩位傳奇人物連手打造的拉圖雷特修道院，曾有激烈的火花；亦有和解的雲光。它看似緘默地矗立在山丘上，卻留存兩人超越宗教與建築藩籬，願意跨域合作，進而靈犀相通與純淨的情分。

作者足音鏗然地探訪這座改變世界的偉大建築，是命定的緣分？還是偶然的擦肩？看似尋常的旅程，范毅舜以一幀照片接壤一段文字的創作，讓時光倒轉到半世紀前——艾倫和科比意的遇合，旖旎出宗教與建築相遇的絕美風景。如霧起時的朦朧，陽光燦爛的繽紛，在光與影流轉之間，幾何圖形暗藏著：若沒有跨越合作的兩人，作者此生如何探問自己的生命答案，且越走越清明。五十年後的范毅舜以另類跨域合作的角色，用鏡頭與明亮溫暖的文字勾勒修道院、教堂，其美麗與哀愁的輪廓，讓讀者在快節奏的時代，緩慢下來，跨域漫步到真善美聖的《山丘上的修道院》裡歇息，有種相互合作交融的溫柔是需要時光慢慢醞釀的。

跨域合作寫下幸福的力量

美國正向心理學大師陶德．卡什丹《好奇心的幸福力量》發現讓人幸福的公式是：（M×16＋C＋L×2）+（T×5＋N×2＋B×33）。

這到底是甚麼神秘的符號密碼？M是活在當下、C是好奇心、L是做喜歡的事、T是為他人著想、N是培養關係、B是照顧身體。人類和環境一樣，若要永續發展仍須要有方法的，只要善把六種成分添加進來，正確配對後，幸福就會無所不在。面對未來的人生，熱愛生活，透過運動與正常的作息、飲食養好身體。同時，不要失去對世界的好奇心，願意與人跨域合作，願意真誠地與自然環境對話，找到和他人的共生共榮的方法，漸漸地發現：願意為他人服務奉獻就是跨域合作力最完美的幸福實踐。

期待未來我們能以共好的心情與所有團隊開啟跨域合作的可能，培養和諧共榮的夥伴關係。即便面對機器人衝擊的新時代，人類永不會被取代，因為，我們是有溫度的世代，願意分享，懂得和夥伴攜手同行，因而能走在幸福的路上，共創人生榮景。

推薦書單

《上一堂最生動的國際關係：20部經典電影，告訴你世界原來是這個樣子》，蔡增家，先覺。

《寫作革命：散文、小說、文案、社群貼文輕鬆進階的40道練習題》，李洛克，如何。

《一流人物要有的觀察力：條件不如人，卻能到處吃香，做事被挑毛病，總能迅速逆轉，掌握觀察力，優點馬上被看見。》，速溶綜合研究所，大是文化

《關鍵行銷：消費心理學大師的10大黃金行銷課》，亞當．費里爾、珍妮佛．佛萊明，遠流。

《網紅經濟：移動互聯網時代的千億紅利市場》，袁國寶、謝利明，商周出版。

《臺灣沒說你不知道：生活在這塊土地的你可以拿來說嘴的七十則冷知識》，每日一冷，尖端。

《星空吟遊》，謝哲青，天下文化。

《旅行私想》，蔡穎卿，天下文化。

《好奇心的幸福力量》，陶德．卡什丹，橡實文化。

《山丘上的修道院》，范毅舜，時報出版。

16

國際移動力

你的未來在世界旅行中找到

- ✓「我可以適應全球就業的新時代？」
- ✓「全球化時代，如何培養國際移動力？」
- ✓「我能成為適性揚才的世界公民？」

怡慧tips 旅行是另類的閱讀，讓你在世界的地圖找到生命的地標。

有次在上完《裨海紀遊》的課程後，我們開始討論三百年前郁永河來臺採硫，事後寫了一本來臺的所見所聞。郁永河因《裨海紀遊》名留歷史，被譽為臺灣的大旅行家，臺灣遊記文學的開創者，堪稱臺灣國際移動力的先驅。接著，我以《享受吧！一個人的旅行》的西方小說作東西國際移動的主題探索，一位女性如何從失去自我透過一個人的旅行，慢慢找回愛人與被愛的能力。兩個人國際移動的目的不同，獲得的結果也不同。說穿了，旅行某種程度是卡繆說的：「旅行幫助我們找回自己。」繞了一圈，常常發現：出走有時候是追尋未來與逃避現實的一體兩面，這和閱讀有相似的地方都在為困惑找答案。

然而，一趟旅行能夠帶給你生命的答案嗎？

全球化時代來臨，我們很難只在一個地方生活或是工作。更多的可能是雲林科技大學校長楊能舒說的：未來人才隨自己的專業能力，因地制宜，找到最適合發揮的地點、場域應徵，向全世界成功行銷自己。

那麼，國際移動力又是什麼？陳超明教授認為的：全球化不僅是資源的全球利用，更重要的是人才的流動，未來國際移動力的關鍵在具備國際視野的專業能力；流暢的語言溝通力；跨文化的思維；適應生活的能力。

因此，對以上四個指標為大家推薦十本適合增強國際移動力的書籍，讓你從離開與回歸之間，找到與世界接軌的競爭力。

移動力讓腦袋進行靜態革命

作家洪震宇與搭檔游智維認為：或許旅行結束後，世界不會因此而改變，但重要的是，我們的腦袋變了，世界從此變得不一樣。旅行的意義不在目的地是哪裡，而在於過程中遇見的人與在他們身上發生的故事。能滲透人心、跨越人與人之間藩籬的溫暖故事，是洪震宇與游智維所謂「旅行」的核心。連志展在《勇氣，在山盡頭》提到：登山從來都不是為了征服山，而是為了征服自己內心的軟弱。在爬的時候，總是可以找到無數的理由告訴自己不要再爬，那要如何在每當想要逃離的時候，讓自己再度找到力量，堅持走下去。踏錯一步是永不復返的凶險，往頂峰接續踏出的腳步，卻是行者不變的堅持與追尋。對於登山這件看起來很小的事，連志展告訴我們：離開舒適圈前，他做好專業的準備、心理的建設、環境的對話，才能從登山體會到：走過盡頭之後，下一個盡頭之後，又會是什麼風景，從此，不會害怕面對新的未知，更清楚自己對生活、對生命的理解是什麼。因此，真正的國際移動力必須用專業力帶來的腦內靜態的革命，從一次又一次的移動中，帶來一次又一次新價值與新學習的啟動，讓自己越來越接近全球價值。

國際移動讓你換個思考的面向

愛因斯坦說：「持續不斷地用同樣的方法做同一件事情，卻期望得到不同的結果，叫做荒謬！」只有換方法，讓價值觀升級，才有可能破局，走上新局。

所謂「勤奮的懶惰」是常見的勤奮誤區，當你缺乏思考與識見，反而重複又長時間做著同一件事，事實上是徒勞無功的。一如學習，最重要的是找對方法，幫助學習的歷程。因此把國際移動力視為知識的實踐、文化的理解，會讓思維更開闊。《可複製的領導力》提到：掌握要領，平凡人也能成為優秀的領導者，如果，團隊在上海，自己一個人在北京生活，如何做到管理與領導？在國際移動的時代，樊登幾乎兩個月才去一次公司，主要是和CEO以及高層團隊吃個飯，開個會。他大部分的時間是讀書、養生和旅行。他的團隊主力不超過三十歲，一群從沒有創業和在大公司工作經驗過的年輕人，如何創造每年公司百分之一千的發展速度，更重要的是，他們在工作中獲得快樂！具有國際移動力的團隊領導人透過認真傾聽，累積「罵人的成本」，建立起與部屬的情感帳戶後，對事不對人，部屬不會輕易生氣上司的建議，反而感覺上司是真心為他好，而非毫無意義的人身攻擊。主管不用緊迫盯人，卻讓員工對他有高黏著力。就像查理．蒙格說，打高爾夫球不能按照自己的本能來打，得學點兒專業技巧。在國際移動力的時代，一個好的領導人不是死守公司，反而是學會領導的技巧，增進團隊溝通，樊登說：領導人要留意三說。工作製造太多的「不能說」，會讓團隊整日都生活在焦慮和壓力之中。主管常常「忘了說」，會顯示管理者的傲慢，自以為不用說，部屬「應該要知道」的事情，往往是誤解的開端。「不好意思說」的領導，常讓團隊錯失許多機會，也可能造成一些致命的後果。真正的國際移動讓你換個思考的面向，找到更好的方法解決組織內的諸多問題。

移動是遇見返璞歸真的自己

如果你把國際移動當成把自己換到陌生空間短暫生活或工作，那你就誤解國際移動力的意義。有人說：不要天真地想著透過旅行來改變自己的狀態，能改變你的，不是風景，而是經歷。

以最簡單的旅行來談，一段旅程的時間，改變自己是最浪漫而務實的自我對話。每個人的心裡，都該有個既定的地景，透過移動力遇見真實的自己，陪伴內在的小孩，經歷荒涼反叛的旅行之後找到成熟自信的大人。旅行的陌生感與不確定性，能將生活觀察力放到最大，因為要把慣常的日子過得風生水起，真的不太可能。重新爬梳、充電、重新出發，行旅的過程，你被嶄新的人事時地物觸發，而有所成長。離開舒適圈是為了遇見另一個自己，而不是花錢買個奢華頹廢的理由，就像 Peter Su《如果可以簡單，誰想要複雜》說的：「我熱愛旅行的最大原因，因為你永遠不知道前方有什麼在等著你。」從陌生開始，每個步履成了有機體，落地生根，一步又一步漫地生長。一跨步，世界變得彷彿更開闊、更自由了，當我們不再裹足不前，越過害怕的雷池，會發現百迴千轉之後，你找到一個反璞歸真的自己，勇敢純真地只想簡單地做回小時候帶著夢想前進的自己。

國際移動是華麗的冒險

鍾成虎說，做音樂不要做無所在意的漣漪，要做奮力的石頭，向這個時代投擲一些什麼。要出走，要移動，走屬於自己的路，你的確無前跡可循，卻因為願意移動的情勢，因此把路走得蜿蜒而強壯。願意闖一闖，某種程度是置之死地而後生的膽識，人生短短幾個秋，說真的沒什麼好怕的。帶著一種理想與憧憬出發，你的心境、身體某種程度也獲得自由。陌生的空間，某條街道，某個商店，某個背影，都是你鏈結過往很重要的回望，從移動的剎那，彷彿人生片段被濃縮了。《瞬：陳綺貞歌詞筆記》書摘提到：〈旅行的意義〉是個很深遠的問題：嚮往的地方在哪兒？心中的理想是什麼？想了很久都沒有答案，於是哼出了這樣的旋律。這首歌有很多自己在移動空間當中的回憶……

你無法理會或回應世界對我們過多期待，甚至討好。但是，你敢不敢做和別人不一樣的事？這點自信可以透過出走、離開的華麗冒險尋回。

小說家的國際移動力

《你說，寮國到底有什麼？》旅行對一個人的意義以及對於一個作家的意義，到底有什麼不同？村上春樹說：旅行是件好事，雖然會有疲倦，會有失望，但一定也會有什麼。真正的旅行，或許是到了出發的那一刻都在探問自己，走過不同的風景，看過不同人情，我們的生命真能有所改變抑或是頓悟。我發現，有時候為工作而書寫的文字就無法享受忘記工作的快樂，旅行就該讓腦袋一片空白，只享受縱情旅行的樂趣與放鬆。總有那麼一個時刻，靈光乍現剎那，地景與心情交融的悸動，文字串接而起行旅的暢快，沉澱移動時的真實感受，回歸當下，當地的生活歷歷在目，立體鮮活了起來。因此，小說家從國際移動力得到創作的靈感，而我們從單純地享受快樂到以文字記錄吉光片羽的感動，兩者的移動生活同等精彩。

有種國際移動叫流浪

從《轉山》到《走河》，作家在國際移動的另類風采叫流浪。《轉山》所說：「流浪，是為了看看這個世界，能不能用自己希望的方式生活。」當時謝旺霖渴望從流浪看見自己的成長和蛻變，《走河》卻是作家在流浪裡，覺知更多的了悟和割捨。謝旺霖許我們在一個絕然孤獨的時刻，享受一個絕美的浪游，我們學著用旅人漂蕩的觀點，換位看這個世界。而切．格瓦拉，從阿根廷優渥的舒適圈出走，騎著摩托車繞了南美洲一圈，一次一萬二千公里的旅行，完成一位孤獨又高貴靈魂在旅途中，找到自我的成長，還有對理想世界改變的熱情。一如《革命前夕的摩托車之旅》所說：「讓世界改變你，你才能改變世界。」這不也印證 Mark 所說的，人的一生要瘋狂一次，無論是為了一個人，一段情，一段旅途，甚至是一個夢想。關於出走，關於國際移動，都是我們一生可以思考與論辨的議題。

在世界地圖上找到自己

公益平臺文化基金會董事長嚴長壽《在世界地圖上找到自己》書中提出的教育觀點，許多思考的方向和黃益中是不謀而合的。他們倆強調自學、體驗，他們希望學生能運用所學，透過親身實踐，產生真實的生活經驗與內在力量，對臺灣教育、文化、經濟、國家競爭力來說，我們都需要會好奇、會懷疑、會思辨、會創造的孩子，而教育的本質無非是讓學生認清自己的定位，不要盲目地陷入某種思考的陷阱中，以反璞歸真的初心，讓學習已經不再侷限在教室內，受制於時間的壓力，能更自在地學習，一如嚴長壽所預言的無校園大學（Minerva School），或許將成為下一波教育改革的新潮流，如果連教育都能在國際移動中學習，就太震撼又吸睛了。

創作是國際移動力的餘韻

「我的眼是康橋教我睜的，我的求知欲是康橋給我撥動的，我的自我的意識是康橋給我胚胎的。」我在《背起文學行囊：造訪英倫名家》的文字中也看到另類的移動力。其中一位作者是二〇〇一年赴英攻讀博士學位的嚴愛群，背起文學行囊，她帶上一枝 art pen、一本手札，透過鏡頭，記錄每一個文學行腳。廖培蓉專攻英國女作家維琴尼亞．伍爾芙的作品，兩位作者聯手打造造訪英倫文學名家的令人驚艷國際移動故事。

你知道倫敦科芬園（CovenGarden）是蕭伯納《茶花女》出現的地景、福爾摩斯博物館是柯南道爾創造的奇幻世界、「僧侶屋」（Monk'sHouse）是吳爾芙為女性發聲的謬思所在……許多的作品來自於生活，作家願意透過文字讓讀者也進行國際移動的閱讀學習。倫敦腔的英語發音、獵鹿帽、披肩風衣，英倫風情……從紙上的召喚到真正移動的歷程，文字的力量，讓即將前往的城市、鄉野，加入更多走過、愛過、沉澱過的想像與嚮往。就像義大利作家安伯托．艾可（UmbertoEco）說過的：「若你堅持要反抗智慧的啟發，那就照舊帶著你的偵探小說出發吧！」

原來，國際移動力，不只是旅行而已，從不同面向我們明白：當自己擁有國際移動力，未來在全世界任何地方都能自處、都能生存。國際移動力不只是一個名詞，把它視為動詞，讓你在專業技術能力外，帶上「語言」及「文化」的「軟知識」，「國際移動」的專用標籤就屬於你了。未來是一個能從在地出發，願意發揮所長的時代，期待我們做好準備，帶著競爭力，移動到世界各地，貢獻所用——適才、適性、適所。

推薦書單

《裨海紀遊：三百年前郁永河臺灣大旅行》，郁永河，南港山文史工作室。

《享受吧！一個人的旅行》，伊莉莎白．吉兒伯特，馬可孛羅。

《勇氣，在山盡頭：全球七頂峰攀登紀實》，連志展，天下文化。

《可複製的領導力：300萬付費會員推崇，樊登的九堂商業課》，樊登，先覺。

《如果可以簡單，誰想要複雜》，Peter Su，布克文化。

《瞬：陳綺貞歌詞筆記》，陳綺貞，啟動文化。

《你說，寮國到底有什麼？》，村上春樹，時報出版。

《轉山＋走河》，謝旺霖，遠流＋時報出版。

《革命前夕的摩托車之旅》，切．格瓦拉，大塊文化。

《在世界地圖上找到自己》，嚴長壽，天下文化。

17

媒體辨識力

假新聞充斥的恐慌

✓「這麼多假新聞，我該怎麼制止？」

✓「我不想變成網路謠言的受害者。」

✓「內與外、虛與實，我們追求的真相是什麼？」

怡慧tips　在自媒體盛行的時代，努力找到內在的平靜與和諧，快樂地向前走。

「老師，日本關西受災國民之假新聞事件，讓我發現有許多偽造、扭曲、不確定的資訊四處流傳，我們有什麼辦法制止嗎？」學生關心時事地問起。

「這似乎凸顯訊息爆炸的時代，盡信網路不如無網路，當我們不假印證，隨手轉傳的態度，助長了假消息的盛行。」我認真地回答學生。

「還記得臉書剛風行時，玩家除了常到開心農場採收作物，另一個目的是玩心理測驗，然後發文分享。這個舉動是為了更了解自己，還是讓朋友透過社群了解自己呢？」我接著問了學生。

演算法比你還了解自己

當臉書和谷歌提供的大數據即便準確無誤，大數據的判讀，任何科技的發明始終該來自人性，OkCupid 大膽創新關於人類行為的調查，一場醞釀的認知革命正在發生。《我們是誰？大數據下的人類行為觀察》提到：不管是臉書、推特、Reddit、Tumblr、Instagram……等社交網站，一躍為新一代的人口學家！這些新科技產物下的演算法，看來比我們自己還了解自己。」我自問自答地拿起一本書給學生。

「我們是不是該更有智慧地了解自己、認識他人，而非隨波逐流地讓大數據來決定我們向左走、向右走的方向，以及影響我們看待世界的角度與視域。」學生聽慧地回應。

「西北太平洋樹章魚（英文：Pacific Northwest tree octopus）源自一個網際網路惡作劇，由 Lyle Zapato 於一九九八年始創，架設網站，論述一種不存在的虛構章魚物種，要求學生根據網頁資料，交上報告。百分之九十的學生幾乎都相信：樹章魚是能夠同時在陸地及水裡生活的生物。你們覺得這個事件荒謬嗎？」學生聽完都沉默起來。

「具有辨識和了解大眾媒體對於個人正面和負面影響的知識與能力，而不受到媒體的不當影響，這樣的媒體識讀力就相形重要。在使用資訊媒體時，我們要擁有辨別訊息與批判思考的能力，取回使用媒體的主權地位，重視對隱私權、正確性、智財權、使用權等課題。一如提姆．歐萊禮《未來地圖》說：『你看待世界的方式，會限制你的視野。科技帶來的真正機會，是擴展了人類的能力。』在不可預知的嶄新世界生存，每個人都需要一幅智慧地圖，去辨識生活的真偽是非。」我繼續拿起第二本書分享起來。

寶貴的注意力留給自己

「吳修銘《注意力商人》提醒我們必須懂得何時關機，認清『注意力商人』的手法，明白自己何時會陷入被影響、被出賣的困境，把寶貴的注意力留給自己，正是現代公民必備的常識。」我拿起第三本書引起他們興趣。

「當你知道自己喜歡的餐廳、衣服品牌、慣用手機，甚至投票給特定政黨，都是經過精心設計的『誘惑』時，你該學會拒絕，不再被那雙『看不見的手』給操控了。韓國教育電視台EBS「Docuprime」節目特輯，試圖告訴人民：剛開始，大眾絕對不是一開始就失去理性，我們都像鐘擺一樣，在真理與魅惑中，不斷擺盪，當媒體持續不斷侵入私領域，傳遞目眩神迷的訊息時，它潛移默化地改變我們的意識結構、影響我們的世界觀。當媒體的誘惑成功攻佔我們的信念，媒體作戰就成功了。所以，吳正浩《吸睛公式》要我們面對這些席捲而來的公關行銷技巧，你不只要懂心理學、社會學、統計學，最重要的是辨識精心設計的『誘惑』，它不是真實人生，只是個包裝過的假象。杭士基在《誰統治世界？》書中精闢解析目前的國際政局，例如，美國為何與中東國家產生衝突？與中國在政經上的拉鋸？美國如何走向帝國主義之路？人民如何被媒體操控卻不自知？他細微的觀察、一針見血的剖析，人們可以冷漠及無知，也可以覺知溫暖。」持續推薦起第四本與第五本書。

媒體是人的延伸

「如果，覺得還讀得不過癮，還有《認識媒體》可以參考。這是一本使你洞察未來的變化與媒體對人類所造成的巨大衝擊的經典之作。作者麥克魯漢告訴我們：時代全然轉變，無論資訊電子化、溝通網路化、全自動設備不斷創新，生活也被媒體全面性的影響而轉型。進入網路時代，現實世界的人際關係，默默地被媒體改變的日常與生活秩序，被顛覆的邏輯與意識，都被媒體控制與深植卻不自知。媒體是人類的延伸，如水可載舟亦可覆舟，過度依賴，其他知覺可能喪失的變與不變之間，美好的思想與價值應該有所固守而不能偏廢與更替。」

當社會越來越暴躁，我們不只失去耐心也失去包容的力量！一如博愛座只有老年人與小孩有資格坐，年輕的病人只能罰站？這種正義魔人的存在，容易激動又難以溝通，不只讓我們感到無奈，也活在一個反應過度的社會！處於多元價值的社會，網路霸凌與負評足以毀傷他人一生清譽，媒體選擇自己的觀點報導，我們要該如何判斷與自處？榎本博明《暴走社會》收錄十三種典型的暴走現象，歸納反應過度者的人格類型，並從企業、媒體與個人三方面來著手，提出有利的解決之道。

還有，傑夫·賈維斯教授著眼在未來發展，在《媒體失效的年代》指出：媒體必須學習其他產業，提供讀者更大的關聯性、個人化服務，以及更大的價值，帶領媒體人走向美麗新世界。在自媒體的時代，身為內容創造者的你，在新科技的包圍下，「媒體」是如何體現它的功能？作者提醒讀者深思：如何使用新科技的力量，不只成為永續經營的商業模式，還能實質用來改變世界潮流與價值。甚至提醒我們：新聞工作者扮演的角色不是為公眾提供見聞，而是協助他們為彼此提供見聞。讓新聞由其流失的美好過往轉移至無所不能的光明未來。

不確定的訊息請別轉發

威廉．布隆代爾《報導的技藝》這是一本歷久彌新的採訪、寫作、修潤心法書。它要讀者先泛讀、再精讀、標註索引找出故事元素，是由《華爾街日報》內部培訓手冊改編而成的報導寫作聖經。「自媒體」時代，紀實寫作的內容才是王道，按部就班地教你說或寫一個有吸引力好故事，不用靠聳動腥羶的話題，取而代之的是用一則有系統的「主題陳述」報導，燦亮社會黑暗的角落，觸動人性光明面，它成為許多媒體人奉為新聞專題和雜誌寫作課程的教材，收錄大量精彩範例，傳授採訪技巧，教讀者精煉進化「報導」的繁複技藝。如考慮「時間」、「距離」、「涉入對象」三要素，尋找事件的三種人——「智者」、「文人」、「師傅」，讓你深入故事的核心細微處，記者應該是「說故事的人」，要像小說家打磨文字技巧、培養敏銳的觀察力，活用「漸進式讀者參與法則」等。當讀者對故事難以忘懷，甚至促使讀者進一步採取行動，一篇好報導改變的不只是閱聽人，有可能是整個社會潮流與價值。

面對生活的小道消息、社群耳語、假新聞不等，若不加以查證，常讓當事者一夕之間陷入百口莫辯的集體霸凌。因此，面對不確定的訊息，我們先存疑、別轉發，做好辨別消息真假之後，再做出是否轉傳或發布的決定，這是當今我們該有的媒體辨識力。

記得，第一次看完《楚門的世界》內在的衝擊與震撼，處於媒體發達的時代，人們為了追求真實，創造真人實境秀，當楚門滿足所有人的窺視欲，卻陷如絕境時，我們還記得：當每個人都對你說謊時，你要為自己保守誠實的清明嗎？身為媒體人，蔡康永用「高情商」改變自己的人際關係，也改變他人的命運，他在採訪時傳遞溫柔的堅持，冷靜的同理，即便為了娛樂效果，也做到戲而不謔的底線，精準報導與人和的平衡，懂得「恰如其分」地拿捏自己與他人的情緒，贏得馬東讚譽蔡康永是世間少有「讓自己開心，也讓世界開心的人」。《蔡康永的情商課》提到：是不是有些是別人很相信、很認真的告訴我們，卻誤導了我們的事？例如，用「乖」做標準，來稱讚小孩，難免會讓小孩以為「聽話」會是一種重要的人生成就……

生命活在真與假、是與非的判讀中，如果我們走向真理，就能明白不再人云亦云、不再活在別人的眼光或期待裡。或許，在自媒體盛行的時代，我們更該問的是：如何靠媒體辨識力為自己找到內在的平靜與和諧，面對真假難辨的世代，做出好決定，避免生命的集體恐慌。

推薦書單

《我們是誰？大數據下的人類行為觀察》，克里斯汀．魯德，馬可孛羅。

《未來地圖：對工作、商業、經濟全新樣貌，正確的理解與該有的行動》，提姆．歐萊禮，天下雜誌。

《注意力商人：他們如何操弄人心？揭密媒體、廣告、群眾的角力戰》，吳修銘，天下雜誌。

《吸睛公式：誘惑大眾的技術：你以為的主見，其實是行銷媒體政治人物精心計算後的結果》，吳正浩，一起來出版。

《誰統治世界？》，杭士基，時報出版。

《認識媒體》，麥克魯漢，貓頭鷹。

《暴走社會：鄉民正義、網路霸凌與媒體亂象，我們如何面對反應過度的社會》，榎本博明，時報出版。

《媒體失效的年代》，傑夫．賈維斯，天下文化。

《報導的技藝：《華爾街日報》首席主筆教你寫出兼具縱深與情感，引發高關注度的優質報導》，威廉．布隆代爾，臉譜。

《蔡康永的情商課：為你自己活一次》，蔡康永，如何。

18

利他貢獻力

利他讓社會不再冷漠

✓「做公益真的能賺錢？」

✓「我不是傻子，不能接受有去無回的付出。」

✓「別人需要我，我出現；我需要別人，他卻神隱。」

怡慧tips　精彩的人生必須歷經行善的磨練，從書裡回望每個利他的身影。

當別人需要我們的幫助，我們無私地挺身而出；當自己需要他人相挺時，別人卻默默神隱。冷漠的人際，是不是讓你越付出，心卻越冷寒呢？面對眾聲喧譁、世道擾攘，不要氣餒，抬起頭，你會望見有人無私地為大家提燈，用振奮人心的行動，改變社會，溫暖世界，讓許多迷途的人因而找到正確的方向和依歸。十本讓你一讀就熱血沸騰的好書，不只讓我們找到利他貢獻力，還能成為有情有愛、願意捲起袖子為身邊的人向前衝的暖男、暖女。

行善是他力之風

經營之聖稻盛和夫《你的願望必會實現》告訴年輕朋友：人生道路上，只要懷著光明的希望，持續不斷地努力，絕對能夠開拓出一條道路。因此，能替人類、社會做出貢獻，是人類最崇高行為，這樣利他行善的純粹之心，的確具有強大的力量，一如宇宙中人與人相互的關愛，慈悲萬事萬物的「氣」（宇宙的意志），能因為我們思善、行善的意念，引來「他力之風」相助，帶領我們看見真正成功的自己。

用書寫撫平創傷

世越號沉船事件，作者藉由書寫抵抗悲傷的侵襲，讓文字成為彼此療傷慰藉的支持。不願意真相隨著日子走遠而集體失憶，金琸桓以世越號事件為底蘊，《那些美好的人啊》不是要針砭誰是誰非，反而用溫暖的筆觸，十篇短篇小說讓我們從沉船事件重新認識身邊的自然萬物，如廣袤的山與海。無常創傷帶來的集體傷痛，除了用美好的人情慰安，我們還能做些甚麼讓悲傷不再發生，沉船內學生的眼睛、罹難者和罹難者家屬，事不關己的一般人，在絕望與希望之間，在痛苦與快樂的邊緣，人性的希望和溫暖是撫平傷口的唯一解藥。

為自己說話的勇氣

金智英在眾人「理所當然」的期待下，辭掉工作當起平凡的家庭主婦，不久後，一連串看似失控又離奇的事件，讓丈夫帶著她進行心理諮商，這本書的情節宛如韓國女性的人生現場直播，從女主角金智英站出來為自己說話的勇氣，看見集體社會意識綁架公平，甚至犧牲抑或是制約、壓抑女性的自主人生？當你不再習以為常或是理所當然的時候，金智英的生命故事不也是平凡女性經歷過，甚至曾漠視過人之所以為人的價值。當她說出：「我是金智英，一九八二年生，這是我的故事，或許也是妳們的真實人生……」原來，一次有意識的改變與發聲，你改變的是整個社會對女性觀點的顛覆，也讓許多對自己現況無能為力的女性能多愛自己一點，才有機會找到為自己發聲與愛人的勇氣。

共好見學的價值

吃虧的生意為什麼反而會賺錢？如何找到不景氣下的隱形商機？流通教父徐重仁逆向思考走一條「自損的道路」，這樣的經營心法是先讓別人獲利，最後反而把市場做大？即便是錙銖必較的商場，競爭如戰場，徐重仁不願意從顧客身上找利益，反而是想把產品、服務做好，員工和顧客照顧好，社區、城市一起繁榮，當大家共好的價值觀與使命感，企業不只有實質的獲利，還能找到永續經營的「逆市突圍」與社會共好互利的大智慧。原來「先讓利」的氣魄就是共好見學的價值。

給出位置讓他們發聲

林立青為藍領階級發聲，《做工的人》讓我們又哭又笑，卻也從中省思勞動者的權益與社會階級的迷思。第二本書《如此人生》從做工的人出走，跨及他們所處的生活百態。社會的幽微、人造的階級，林立青真誠的文風，讓我們再次看見臺灣社會資源分配與勞動階級之間，我們視而不見的真實風景。當你寫出來了，你越能同理同一塊土地上的他者，其實都是「我們」。無須大聲疾呼要正視社會邊緣化的問題，更多的願意同理與支持他們的真心，給出機會、讓出位置，讓他們昂首說話，勇敢做自己，甚至願意分享自己獨一無二的人生故事。真正的利他貢獻其實很簡單，願意珍惜他人的長處，支持每個人謀生與生活的樣態，就能減少彼此的誤解和歧視。讓我們相互尊重與支持，攜手同行。

進擊的利他創業

《做公益也能賺錢》兩個作者，背景迥異。「多背一公斤」（1 kg more）的余志海是愛聚公益創新機構的創辦人，是一位年輕的社會創業家。商界出身的謝家駒，退休後開始致力推動社會企業，與志同道合的熱心人士組成「社會創業論壇」推動社會創業精神。一個躍過三十而立的拚搏，一個年逾耳順之年的清明；一個事業剛剛起飛，準備大刀闊斧；一個離開職場，準備頤養天年。他們的相遇來自於共同的價值與信念，就是對社會創業的熱忱：做一份既做好事又賺錢的事業，憑藉熱情和理想，找到自己的夢想所在，實現「現在就去做」的氣魄。兩位的創業故事告訴我們：真正的利他貢獻力是能做好事又能賺錢，裡子面子兼顧的兩全其美。

傻瓜哲學×蘋果精神

《這一生，至少當一次傻瓜》寫的是出身青森縣津輕的木村阿公，有著莊子萬物合一的哲思，對自然真誠敬畏的心，擁抱土地的溫度，向老天借膽量的傻瓜哲學，一生以栽種有機蘋果為己任的他，以不施灑農藥、肥料，堅持憐惜園中的雜草與昆蟲的放養形式，用三十年種出的「奇蹟蘋果」，證明蘋果樹能自然向下扎根，與天地共存。他的故事讓黑道大哥心有所感潸然落淚；讓厭世的青年找回失落的勇氣；讓日本民眾都希望自己能吃到木村先生的蘋果，找回堅持到底傻瓜的勇氣。

有溫度的臺灣地標

《公東的教堂》訴說公東的教堂是臺灣最有溫度的歷史地標。作者范毅舜從遙遠的拉圖雷特修道院返回臺灣後，發現臺灣早在六十年前，有群白冷會修士、修女，帶著愛與信念飄洋過海而來的。這群行事低調又曖曖含光的異鄉人，從公東的教堂為起點，譜寫一段跨越國界和族群的教育故事，范毅舜的文字記錄資源匱乏的臺東，有段建築與生命行旅，因付出與奉獻編寫而成的美麗。以愛為出發點的教堂，看似樸素卻熠熠閃爍矗立在美麗的東海岸上。錫質平神父和修士、修女們，為臺灣這塊土地無私奉獻超過一甲子的時光，素樸的心傳遞施比受更有福的暖度，給予我們重新找回為社會勇敢付出己力的熱情。

感動千萬人的綠色聖經

當自然環境被我們的貪婪與無知破壞到無法共存時，讓．紀沃諾只想好好地向土地致歉，忠實地為土地盡力，他許下一生只做一件事——就是好好地種樹。一位獨居的牧羊隱士，讓曾經枯竭的荒野，靠堅定的意志力，替法國南部山區種回十萬株橡實，當蓊鬱的森林再現時，澆灌讀者一方心靈的綠洲。作者的行動，觸動讓我們進而珍惜土地、關懷地球，舉手之勞地動手綠化環境，就能為下一代守護更蒼翠的山林，讓人類與自然和諧共處，永續共存地復育更多美麗的自然風光。

宮崎駿推薦×此生必讀

托爾斯泰《傻子伊凡》收集俄國的民間故事，帶領讀者思考：你要當呆傻的伊凡，還是聰明的魔鬼？誰比較有智慧；你要聽從自己的心，還是理性的腦，才能回歸幸福的終點，傻看起來是輸，其實是贏，因為傻氣的給心，聰明的人猜心，給心是信任，猜心是質疑。因此，「智者有腦，傻瓜有種」闡明大智若愚的智慧，無數願意付出與相信的傻瓜，成就歷史和世界的奇蹟。傻子伊凡讓你發掘潛藏於心，改變世界的傻瓜力量，那些憑藉雙手、相信善意、認真過活的平凡人，卻因利他奉獻的心，變成內心強大、行動勇敢的了不起人物。

從十本書回望每個利他的身影，你看見利他貢獻的真實力量，也找到印度梵文的真理：偉人的行動之所以能成功，與其說是靠他行動的手段，不如說是憑藉純粹的心靈。原來，精彩的人生必須歷經行善利他的磨練，讓我們看見利他的美麗圖騰，在身邊閃閃亮亮，指引我們邁向為人奉獻捧出真心的良善之路！

推薦書單

《你的願望必會實現：稻盛和夫寫給二十一世紀孩子們的書》，稻盛和夫，天下雜誌。

《那些美好的人啊：永誌不忘，韓國世越號沉船事件》，金琸桓，時報出版。

《82年生的金智英》，趙南柱，漫遊者文化。

《如此人生》，林立青、賴小路，寶瓶文化。

《走一條利他的路：徐重仁的9堂共好見學課》，徐重仁、王家英，寫樂文化。

《做公益也能賺錢：青年創業與中年轉業的新選擇》，謝家駒、余志海，大田。

《這一生，至少當一次傻瓜：木村阿公的奇蹟蘋果》，石川拓治，圓神。

《公東的教堂：海岸山脈的一頁教育傳奇》，范毅舜，時報出版。

《種樹的男人》，讓．紀沃諾，果力文化。

《傻子伊凡：托爾斯泰寫給每個人的人生寓言》，列夫．托爾斯泰，漫遊者文化。

19

環境適應力

為暗黑生活脫魯

- ✔「每天面對分數的競逐，學習變成辛苦揪心的事。」
- ✔「讀與不讀之間，你有指標可檢核？」
- ✔「悲喜交集處，我如何戰勝環境的磨練？」

怡慧tips　以書脫魯，為紛亂的生活找到前進的力量與方向。

追求成功的旅程，只有不斷付出努力，勇敢向前，你才有機會成為真正的贏家，一如哈佛校訓中提到：假如你想在畢業以後，在任何時間、任何地點都如魚得水，並且得到大眾的欣賞，那麼你在哈佛求學期間，就不會有閒暇的時間去曬太陽！的確！你不能讓環境改變你，只能靠自己去改變環境。

面對高中與升學壓力為伍的生活，想必很難悠閒地喘息吧！用閱讀典藏形單影隻的歲月，看來需要浪漫與務實兼具。

上下課鐘響時，你的日常依舊，樹上蟬鳴蟲嘶、身邊人情流轉、學科公式、聖哲理論，依然充斥在課室的流光。高中生享受的閱讀是扛著最憂鬱的靈魂與美麗的文字邂逅的剎那，你依然叛逆的優雅，因為你為環境與壓力找到最好的出口。

在你胸口湧動的不是分數的魔咒，是年輕生命萌動的召喚，一如班雅明

《柏林童年》說的：「我有意喚起我心中那些在流亡歲月裡最能激起我思鄉之痛的畫面——來自童年的畫面。」有意識地被某段文字關照，你會發現被考卷分數風乾的身影，竟煥發起來。

詹宏志說：「任何我不懂的東西，這世上一定有人懂，而且把它寫下來了，所以我只要找到書，就能學會它。讀一本書，可以偷竊別人的人生，不是很划算的事嗎？」

面對高壓的暗黑生活，成功人士的共通點是「勤閱讀」，世上沒有「無趣的書」，只要你願意尋找，都會發現身邊有許多可讀、好讀的書，正在等著你。

心靈療癒系列為你提燈

如果，你在暗黑無光的地窖，蔡璧名《勇於不敢愛而無傷》用莊子哲學啟迪你的智慧之泉，用一盞有光的燦燈照亮我們寂寞幽昧的人生之途，讓你不再錯過愛與情的奧義，讓你不再蹉跎韶光，讓你不再心碎心傷。咀嚼莊子思想芳華，驀然回首，哲人提燈的暖意，安頓困頓身心，撫慰前塵瘡瘢，保留底心不變的執著，幾朵微笑的綻花，幾滴感人熱淚，不慍不執，愛而無傷，繞條現實的遠路才是生命的近路，絕處易逢春是人生淺規則。

《在咖啡冷掉之前》恍若文字提燈者，讓你偷嘗幸福的片刻，放肆文字的靈光，旖旎美麗的風景，讓我們走進回憶的森林，在情感的流轉之間，不再受困愛與懊悔的荊棘，認真享受當下，走出過往的陰暗與遺憾。在一杯咖啡的溫暖氤氳中，找到更好的生活與自己，看似浮光掠影，澄心片刻，多層生命的年輪，圈圈疊疊，深深刻刻，我們都值得被愛與愛人。

想像某個餒累的時刻，你感覺被世界遺棄，《山羌圖書館》如冬陽照拂的燦爛，你追逐文字光影的繽紛，開啟與作者連結的記憶中盒子，翻閱密碼般的扉頁，就像回到過往轉瞬的自己，文字清新如生活詩歌行板，你可以在記憶的圖書館裡，看見自己是典藏的孤本？絕版？善本？雖然，記憶之湖泛起的是：癡心絕對的身影、未老的夢想、鏗然響起的一個初願，從過去到未來，作者剖白與告解關於愛，關於情，關於甜美，關於滄桑，捨得與捨不得之間擺渡，閱讀的日常，跨越幽微，你找到更好的自己。

如果，你一生不肯隨俗，是走在追求自己風格裡的人，那麼木心優美深沉的哀傷、深刻揪心的互感，讓你的心彷彿裝了翅膀，有悠遊蒼穹的自由。你想像一個烏鎮，江南煙花豔美又淒冷，你彷彿不在讀木心，是木心在讀你，細語呢喃著……《雲雀叫了一整天》：「我追索人心的深度，卻看到了人心的淺薄。」我們都像個謎，高傲的、獨處的，即便沒有知音，沒有掌聲，還是寫自己的文學，讀自己的詩，畫自己的世界！有人這樣說他：木心取中國山水畫的散點透視予以觀照，讓哲學與思想作為文學的遙遠的背景。我卻這樣理解他：如欲相見，我在各種悲喜交集處。人生不就是「悲喜交集處」，我遇見了你，你遇見了我，然後，許一段承諾，結一段因緣，交集，離散，依依。然後低調地說：生活最佳狀態是冷冷清清地風風火火。

實用暢銷系列讓你戰勝魯蛇

閱讀是工具，也是通往成功的捷徑。實用暢銷書讓我們去思考：為什麼這本書會暢銷，是文案攫住讀者目光，還是成功捕捉時代最新的議題與脈動。讀書若遇上挫折是件好事，表示閱讀產生效應，讓你內在受到衝擊，思想的改變，從擅長的領域到不擅長的領域，你將跟上時代的價值觀，成為跨域人才。

《怦然心動的人生整理魔法》讓我們體悟人生不是填滿，而是去蕪存菁地整理，透過實質的盤點，留下真正需要的、會讓你「怦然心動」的物品。它記錄你生活走過的痕跡，它是低調奢華的生命紀念，它保留真實的情感，丟與不丟之間，就像閱讀自己與環境的關係，從理性整理環境到感性探問內在。作者近藤麻理惠讓我們從雜亂無章的日子脫身，走進徹底整理過的生活，人生從此煥然一新。

《一流的人讀書，都在哪裡畫線？》作者土井英司，他每年讀書超過一千本，只要他選上的書都能大賣特賣。他認為一流的讀者，能從上千行文句中挖掘能為己所用的精華，畫上專屬於自己的一條線，為自己的職涯或事業創造新的契機。一如這本書說：「讀書是從數千行字裡，畫出專屬於自己，能夠拓展未來、翻轉人生的一條線。」作者要你畫的這條線，可能翻轉你的人生——閱讀商業書籍不在享樂，而在於投資。書末作者親自示範自己如何「畫線」，他精選四十四本商業好書，畫出土井英司獲益匪淺的文句，與讀者分享自己獨特的深度思考技術。

宇都出雅巳《雪球速讀法》讓我們看書增進十速倍，書中理論不只易於實踐，也讓你因找到訣竅，讀書變得輕鬆快樂多了。作者要我們閱讀時學會用看而非用讀的技巧，習慣不轉換成聲音讀書，用眼睛瀏覽速度才會快。另外，第一次閱讀從目錄、前言和後記下手，至少反覆讀個十遍，不只幫助你快速掌握整體架構，也能容易在閱讀的時候掌握到關鍵字；不要執著於看不懂的地方，先全部看完，再用反覆閱讀的方式加深印象，花少少的時間，把讀過一次的書，反覆再讀一次，通常會比第一次讀閱讀得快又牢固。

另外，速讀能力＝速讀技巧×雜學資料庫（知識、資訊、經驗），讓「雜學資料庫」累積更多的知識與經驗，讓你閱讀速度越來越加速。他不只是教你「視點移動」的速讀技巧，而是建立大量閱讀習慣的「資料庫」，從大量閱讀、反覆閱讀，有恆地持續閱讀，就能輕鬆提升十速倍的閱讀力。

讓你不知道的領域變熟悉

《我是一個媽媽，我需要柏金包！》耶魯人類學家溫絲黛．馬汀博士，試圖融入紐約上東區文化，並生活於其中，找出人性於本質上的共通之處。她看起來是臥底的局外人，運用其深厚的人類學與靈長類動物學知識，透過限量的柏金包當成自己防身的武器，時而詼諧、時而批判、時而嘲諷、時而銳利的文句，為我們揭露權力階層的文化符碼，關於孩子、教養、家庭、自我價值的種種人生災禍，上東區的這群媽媽又會怎麼做？上東區媽媽光鮮行為舉止下殘酷真相為何。

她模仿靈長類研究權威珍．古德（Jane Goodall），觀察上東區的種種，原來，階級歧視就是剛好而已。她們施展特權而讓作者遭遇到種種啼笑皆非的遭遇，荒謬誘發人省思：紐約上東區的媽媽真的特別不一樣？

這本超有趣的生活回憶錄，比小說更離奇的現實生活，帶著讀者窺探常人難以想像的金字塔頂端有錢人生活！不只讓讀者眼界大開也說明靠著環境適應力解決文化衝擊的故事。一如正義的霸凌提到：許多「好意」反而讓人很受傷，我們該怎麼回應反擊？人，只要聚在一起，總想製造出一批比自己下層的人，藉此鞏固自己的立場。透過閱讀揭開「正義的霸凌」的真實面，以及找到應對的方法。

好計畫讓你適應力up

功夫老師劉恭甫推出《X計畫：打造人生黃金交叉線的轉機與關鍵》，

書中幾處公式也讓我們思考：如何利用創意九式，讓「想像力」與「深度認知能力」打造天賦，使其自由，並激發熱情，打造嶄新人生。X計畫，就是人生中的兩條線，第一條是指你現在正在做的事，屬於目前的能力。第二條線，是你未來要做的事，屬於未來的能力，改變目標和方法，採取的應變策略或新機會，是應世界變化而預先發展的計畫。透過九個人生成長設計工具＋十八個自我成長對話，在充滿挑戰的人生，努力培養第二個技能。以適應高速變化的環境。當第一技能逐漸失能的同時，透過第二個技能的鍛鍊，往上形成黃金交叉，最後變成正式轉型成勝利人生的一個V字。九大原則輕鬆連結外部環境，例如，機會連結、簡單專注、改變規則、逆向思考、人脈合作、敏銳觀察、表達影響、好奇嘗試、思考邏輯，輕鬆幫助我們發展人生第二條線。我們不該看現在賺多少錢，而是認真培養自己的多重能力，看的是十年後，你靠什麼成功脫魯，成為人生勝利組。

面對分數的競逐，學習變成辛苦揪心的事，失敗的不安讓你對世界有匪夷所思的懷疑與敵意。你不是無法翻身的魯蛇，閱讀能給你生命的浮木，為你漂流而來，載浮載沉之間，度過忐忑驚險的波濤。以閱讀為名，把與分數或成敗為伍的暗黑日常，變成脫魯亮麗的新時代吧！

推薦書單

《柏林童年》，班雅明，麥田。

《勇於不敢愛而無傷：莊子，從心開始二》，蔡璧名，天下雜誌。

《山羌圖書館》，連俞涵，凱特文化。

《雲雀叫了一整天》，木心，印刻。

《在咖啡冷掉之前》，川口俊和，悅知文化。

《我是一個媽媽，我需要柏金包！：耶魯人類學家的曼哈頓上東區臥底觀察》，溫絲黛．馬汀，時報出版。

《怦然心動的人生整理魔法》，近藤麻理惠，方智。

《一流的人讀書，都在哪裡畫線？：菁英閱讀的深思考技術》，土井英司，天下雜誌。

《雪球速讀法：累積雜學資料庫，達到看書十倍速，大考小考通通難不倒》，宇都出雅巳，智富。

《X計畫：打造人生黃金交叉線的轉機與關鍵》，劉恭甫，商周出版。

20

溝通表達力

如何說個好故事感動人？

- ✔「大學申請入學怎麼準備才好？」
- ✔「如何讓面試者對我印象深刻？」
- ✔「有沒有速成的方式，可以讓人立即提升表達力？」

怡慧tips　真心同理他人，真誠表達自己，是最好的溝通之道。

準備大學申請入學，每個孩子為自己的下一個學習旅程做出選擇。孩子每次的殷殷探問，在熱情的臉龐上能捕捉到對未知的期待，也能感受到孩子們內在隱隱的焦慮與惶恐。

好故事為你贏得好工作

「你相信嗎？這是一個『敢表達，你就是贏家』的時代。一個好故事可以為你贏得一個好學校、一個好伴侶，甚至一個好工作。」我拿出一本書給他們。

「說個好故事，就能扭轉人生？」通常學生都會用質疑的眼光看著我。

「早在石器時代前，故事是人際關係最強而有力的溝通與傳播方式。說故事是人的天性，就像《跟TED學說故事，感動全世界》教我們的，一分鐘打造一個非說不可的生命故事，一個能讓對方願意認可的故事，有數據、有事實，同時，打動他的心，用你的故事中展現出來獨特的說法，說服別人認同你的理念。」試著整理書訊讓孩子理解。

「如果，說故事是可以透過不斷練習，甚至是有公式可以套用，會不會讓你更有方向與自信說個好故事。《TED TALKS說話的力量》告訴我們：說故事最主要是立即傳達一個重要訊息，以縝密的邏輯來解釋核心的概念，最後喚起聽眾心中的熱情。這是百試不敗的三個步驟，你可以套用看看。如果，走進申請入學的教室，你的自我介紹是——卡曼·蓋洛說：不是你選擇夢想，而是夢想選擇你，一個人熱愛什麼是老天爺決定的，所以，感謝老天爺讓我能今天站在這裡逐夢、圓夢，我等了十八年。」試著簡單示範，讓孩子不要畏懼嘗試書中提示的表達術。

「雖然聽得懂老師的意思，卻很難實際操作。常常是你以為這句話說來很暖心，聽到的人心裡卻覺得心寒。你自覺幽默詼諧，聽到的人卻覺得內心受傷。」男孩苦笑地說。

「千萬別擔心說錯話、表錯情，只要矯正我們說話的壞習慣，找到讓對方信服的論據，從中展現自我魅力，大家都不會誤解你，《聰明說話術》讓你不只能迎合對方的心理，好好說話，也能在商議辯論中，找到輕鬆說服他人的邏輯。」我打氣地說。

說話也能套公式

「在這個大家都很沒空的時代，你如何能一言逆轉形象？如何用一句話找到好人緣？如何用聊天術交到好朋友？在注重表達溝通的時代，如何讓自己學會說話，讓人生贏定了？」

「你是故意要考倒老師嗎？《一句話打動人心，讓對方決定和你聊下去！》作者用自己從事主播的閱歷，整理出一套簡單、有系統的說話之道。他和大家分享如何從冷場王變身人氣王——從開場主題到利用淺顯易懂的說話術，用印象管理克服說話時的緊張，說個好故事打動人心，讓別人願意和你一直聊下去。如果，還是擔心說了老半天，還是沒說到重點！《說話，其實也能套公式》三步驟，學會說話邏輯，善用「自訂主題」與讀心術，把話說到別人心坎裡，內容有限有重點，改變說話角度，以對方為主角來對話，就能輕鬆成為一句入魂的說話高手。」

「經過老師的解說與分享，表達力好像可以刻意練習，還有什麼可以突破的點嗎？」女孩開心地說。

「用故事包裝點子，讓對方覺得印象深刻，覺得你與眾不同。穆瑞．諾瑟爾博士在《用故事表達，輕鬆感動任何人》提到：二十五年來活用 Narrativ 聽說故事法的經驗，證實一件事，最能觸動人心的是去除『情感批判』的『事實』故事。就像賈伯斯在說故事時，不談感受，只說遭遇，啟動聽眾五感感知，產生想像力。說個好故事讓情感滲透人心，讓聽者不自覺地被打動而達到潛移默化的功效。說故事卻能收服人心，而講道理只能論個是非輸贏。」我加以舉例說明。

「心動不如馬上行動，《表達力練習題》讓你和美國年輕人同步學習表達力，透過二百一十道美國卓越成功學大師親自設計的經典表達題，跟著大師的思考學表達，循序漸進地擁有世界頂尖人士的溝通力！所以，自我介紹，不一定要吹捧自己的成功經驗，說一個屢敗屢戰的經驗，永不放棄希望的例子，反而能讓人對於年輕的你面對跌跌撞撞的自我探索，有勇無懼地找到夢想的故事，感覺到熱血呢！好的表達力無形中靠故事替自己的人生加分，也告訴對方你是能屈能伸，願意陪著組織吃苦，度過低潮的好朋友，甚至，是個能在失敗中找到成功契機的佼佼者。無須浮誇或吹噓，卻能讓對方感受到你是這個領域獨一無二的閃亮之星。」繼續把閱讀的心得與他們分享。

只要簡單改變幾個字

「如果，時間緊迫，有沒有更速成的方式，可以讓人立即提升表達力？」男孩追問。

「一句話到底該怎麼講，才能讓結果不一樣？為什麼有人只要簡單改變幾個字，就能讓別人信心滿滿、熱情沸騰？菲爾．瓊斯《讓人無法拒絕的神奇字眼》要讀者只要改變幾個字，瞬間消滅對話中的負能量要我們多講這幾個字，讓對方的潛意識能從排斥變成接納。」我繼續舉例。

「我不曉得你有沒有興趣，但是……」

「你願意試試嗎？」

「你對……有什麼看法？」

「假如……你覺得如何？」

「想像一下……」

這些神奇的字眼一說，就像有了魔力似的，讓人無法拒絕。

如果，一個人在猶豫不決無法做決定前時，你講這幾個字，好像是緊箍咒，瞬間改變一個人的決定。

「大多數人……」

「接下來呢……」

「幫個忙……」

「就我看來，你有三種選擇……」

這些神奇的字眼一說，像沾有了魔力的糖讓人立馬買單，甚至馬上給出答案，或順著你的期待而行動。

「感覺上說話沒那麼困難了。現在，我有躍躍欲試的行動力了！」男孩有點誇張地說。

真誠表達自己

「聽眾很常只對百分之十的演講內容留下印象，卻容易記得引發我們情緒反應的故事。《真誠，就是你的影響力》透過淺白易懂的故事，引導讀者了解真誠的重要性。因此，說故事千萬不要造假，因為你會邊說邊心虛，也無法喚起別人內在的熱情。如果，找到一個最痛的領悟、最難受的經驗，你的覺悟與自省是什麼？突破逆境的關鍵是什麼？失敗經歷讓我們壯大了什麼？失敗為何讓我們能成為更有趣豐富的人？醜小鴨變天鵝的故事之所以動人是因為真誠，你的故事只要夠誠意，就能激勵感動人心！」真心地說出自己的感受。

「老師，關於表達力與溝通術，還有什麼要特別注意的嗎？」孩子努力地問著。

「傑伊．海因里希斯《說理Ｉ》提醒我們：釐清目的，選對議題，掌握說理鐵三角，它們能讓你展現好的人格，讓人不由自主想跟隨；選擇正確的邏輯讓人的大腦覺得所言正確無誤；善用情感可以抓住聽者的心。用一句動人的話做為結論，凸顯自己的與眾不同。一個好故事不只有邏輯感，還能讀懂人心、掌握情緒，來個畫龍點睛的結局，就能讓人對你說：YES！」

當我們學會各種場合皆可使用的溝通術，還是要記住：真心同理他人，真誠表達自己，這才是最好的溝通之道。

成功是留給認真準備的人，學會溝通表達術，不只能在推薦甄選場上展現自信，勇敢說自己改變世界的故事，也能傳遞溫情，達到溝通表達的指標。教會學生溝通表達力不只孩子要說個好故事，大人也從中自省：自己是不是也善於表情達意，做好人際溝通呢？用十本書學會表達溝通，從說自己的故事開始，進而找到與人溝通與世界分享故事的鑰匙，的確是重要又美好的關鍵能力。

推薦書單

《TED TALKS 說話的力量》，克里斯．安德森，大塊文化。

《跟 TED 學說故事，感動全世界：好故事是你最強大的人生資產》，卡曼．蓋洛，先覺。

《聰明說話術：把話說到心坎裡，把對方的 NO 變 YES！》，吉岡友治，晨星。

《一句話打動人心，讓對方決定和你聊下去！》，阿隅和美，臺灣東販。

《說話，其實也能套公式：一開口就能說到重點，百分百提升好感、達成目標》，李飛彤，如何。

《用故事表達，輕鬆感動任何人：學會賈伯斯說故事技術，粉絲、部屬、客戶都一路跟隨》，穆瑞．諾瑟爾，方言。

《表達力練習題：溝通，要跟大師這樣練！連比爾蓋茲、賈伯斯、彼得杜拉克都搶著做》，奧里森．馬登，如何。

《讓人無法拒絕的神奇字眼：話該怎麼講，結果立刻不一樣？》，菲爾．瓊斯，大是。

《真誠，就是你的影響力》，鮑伯．柏格、約翰．大衛．曼恩，遠流。

《說理Ｉ＋說理ＩＩ套書》，傑伊．海因里希斯，天下雜誌。

118位全球華文教育工作者、各界名人專家共同推薦

（依姓氏筆畫順序排列）

王泓翔　宜蘭縣教育處處長
王文仁　國立虎尾科技大學通識中心教授
古秀菊　新北市立海山高中校長
何高志　苗栗縣大同高中校長
吳麗琪　馬來西亞濱華中學校長
柯翠玲　新北市立林口國中家長讀書會會長
凌性傑　作家
莊琇鳳　馬來西亞吉華獨中校長
高文良　新竹縣新樂國小校長
徐欣怡　臺北市市政顧問、臺北市龍山國中老師
許榮哲　暢銷作家、華語世界首席故事教練
陳志銳　新加坡南洋理工大學教授

陳志強　馬來西亞雙溪大年新民獨立中學校長
陳昭珍　國立臺灣師範大學教務長
陳新平　中華民國明日閱讀協會常務理事
陳舜德　輔仁大學圖書館館長
陳麗雲　作家
彭菊仙　親子作家
曾慧媚　新北市立丹鳳高中校長
曾明騰　全國 SUPER 教師首獎、台中市龍津高中老師
蔡淇華　惠文高中圖書館主任、作家
蔡宜芳　新北市桃子腳國中小教務主任老師
廖財固　國立臺南一中校長
賴以威　台師大電機系助理教授、數感實驗室共同創辦人
潘政儀　高雄市立圖書館館長
鍾偉前　馬來西亞華校董事會聯合總會主任
顏薰齡　龍顏基金會執行長

閱讀可以給我們什麼，啟迪什麼，創造再轉譯出什麼！怡慧老師，推廣閱讀的傳道士，不間斷看見她付出與努力，新作《用書脫魯的一生閱讀術》殷切叮嚀著，用閱讀來認識自己、面對人生，進而讀懂世界，創造自己人生勝利方程式。

——王錦華（新北市立圖書館館長）

閱讀推手怡慧老師的新書，藉由三面二十力的整理，引領你從認識自己出發，思考人生方向，進而和世界接軌，這本脫魯秘笈，為素養培力，替生命妝點，讓你在這變動的時代，無可取代。

——王秀瑛（善化高中老師）

如果怡慧老師是一位渴望用閱讀來為您指引方向的「謀士」，那《用書脫魯的一生閱讀術》則是一冊能讓每個時期的你，無論遇到哪種生命亂流，都能找到問題處方箋的「懶人包」。

——王保堤（桃園市立新屋高中老師）

素養導向的教學願景是培養出可以適應目前的生活的學生，以及迎接未來的挑戰，當學生學會自學，就可以藉此解答疑惑，讓問題迎刃而解，脫魯就是擺脫生活中的困境，讓自己成為生活達人，不管你想要成為哪個領域的達人，透過書籍的大量閱讀，延伸閱讀，紮根夠深，投入夠久，一定可以找到生命的出路，成功脫魯。

——王勝忠（台中教育大學兼任助理教授、台中市圳堵國小老師）

好的老師帶你上天堂，怡慧老師無疑是一位很棒、很溫暖、很有愛心、很體恤他者的好老師，其殫心竭慮、用心之深，只為閱讀。誠摯推薦。

——王國慶（中華專業講師協會常務理事）

AI世代來臨意味著孩子們的學習不在侷限在課堂上，如何在這資訊爆炸的環境中讓孩子們可以學習具有多元思考、國際移動等能力，相信只要透過閱讀素養的搭建，讓每位孩子找到所需的自學能力，保持一顆對追求真理的好奇心勇敢邁開大步探索新世界。

——毛世威（陸軍軍官學校機械系教授）

願意捨熱力四射的球場，選擇進入安穩沉靜的圖書館，是魯嗎？當然不是！王羲之說：「靜躁不同，或晤言一室之內，或放浪形骸之外」，個性不同，選擇亦不同。梭羅則說：那是因為聽見了不同的鼓聲。來看怡慧老師這本書吧，將會讓你華麗變身，進階溫拿之列！

——石惠美（華江高中老師）

怡慧老師在這本書中，用她多年來專注深耕閱讀力的提升，轉化並揉合素養導向的精神，將閱讀變成迎向成功人生的競爭力；相信每個喜愛閱讀的孩子，都可以透過這本書，預約美好人生的入場券！

——向鴻全（中原大學通識教育中心副教授）

熱心推廣閱讀的怡慧老師，本身是一位氣質優雅、博學勤寫的文青。這次新書集合她的獨到的寫作創意，以及深厚的文學素養，讓讀者在歡喜趣味的閱讀氛圍中，獲得很多知識與能力。尤其，我最好奇的是她針對每一個主題，設計的推薦書單，不但令人驚艷，也受惠良多！

——吳若權（作家、廣播主持、企業顧問）

在閱讀中看到世界、發現自我，有感知，有覺察，對環境有同理關懷，這更是未來ＡＩ世代，更需要的軟實力。怡慧老師這本新書，包含競爭需求的閱讀關鍵力，以及認識生命的閱讀軟實力，實是「脫魯」必備良方。

——吳韻宇（教育部閱讀磐石推手獎、全國教育部師鐸獎老師）

擔心ＡＩ取代你嗎？若能閱讀、懂閱讀，便可探索浩瀚如宇宙的知識，進而找到生命的位置，讓閱讀輔助自己在ＡＩ時代脫魯。

——吳勇宏（國立宜蘭高中老師）

本書打造閱讀的三層次——「認識自己」從見自己到做自己，「與人溝通」在生活中覺察眾生，到「讀懂世界」開展生命，跨越天地的舞台。豈止脫魯，更讓你脫胎換骨！

——吳昌諭（新竹市立三民國中老師）

孩子，一定要不斷的閱讀。無關學歷，讀書是吸取別人智慧最短的捷徑。你不優秀，認識誰都沒有用。你夠優秀，人脈自然來找你。

——岑永康、張珮珊（幸福主播夫妻檔）

如何讀書、讀哪些書才能點燃一個孩子自主思維的起點？閱書無數的怡慧老師與學生日常對話，為青春尋書，替苦惱解答。走讀書本，讓你認識自己、面對人生並讀懂世界。

——李筱涵（作家）

身為學校掌門人，喜聞善於整合新思維、通透脫俗、專業堅持的教育作家宋怡慧老師新書出版，在工作忙碌之餘，給您暖心充電的最佳良方，瑞緻真情推薦給好友們！

——李瑞緻（彰化縣竹塘鄉民靖國小校長）

閱讀傳教士宋怡慧老師透過此書重新定義「脫魯」：脫，不是逃脫，是脫（退）化；魯蛇，魯的不是人生，而是思維。「脫魯」成了見證生命從逆襲到躍進的歷程，也許不容易，幸好有閱讀為伴。

——李明融（台中市立沙鹿高工老師）

隨著怡慧有系統的三面二十力，我可以更高效地帶領孩子打造生命奇蹟，成為二十一世紀，最具競爭力的人才。

——李敏華（雲林縣麥寮高中老師）

這本新書給時下年輕的孩子多面向的閱讀書單推薦，讓學子能透過多元主題閱讀培養終身學習力，也透過閱讀脫魯、壯大自身心靈，是一本我會想自掏腰包買來送全班學生一同閱讀的好書，誠摯推薦。

——李貞慧（高雄市立後勁國中老師）

面對未來的各種趨勢，我們應該給孩子怎樣的能力呢？怡慧老師的這本《用書脫魯的一生閱讀術》給了我們最好的答案。讓孩子能認識自己，學會與人溝通，以及讀懂未來世界的可能。值得每個學生、家長跟教育工作者細細品嚐！

——何則文（作家）

怡慧老師用溫暖的文字，搭配多文本的主題閱讀，讓讀者以「閱讀」來培養自癒力，自己幫自己開處方箋。如此多文本的閱讀方式，幫我們塑造了更複雜的思考情境，與我們真實生活中的可能面對的難題較為接近。

——林用正（屏東縣中正國小老師）

你想要清楚地認識自己嗎？你希望能流暢地與人溝通？你渴望讀懂這個世界？怡慧打造了許許多多各種好用的「力」，就藏在這本書中，等候你來挖寶！

——林芳瑛（善化高中老師）

《用書脫魯的一生閱讀術》帶你脫逃而且跳脫，用青春的彩筆以素養為底，揮灑熱情，為自己人生彩繪出你喜歡的樣子、顏色，一起成為自己也喜歡的大人樣。我們都在。

——呂覲芬（國立臺南家齊高級中等學校老師）

怡慧老師要帶我們透過閱讀，擺脫魯蛇的悲慘命運！從認識自己、與人溝通、讀懂世界等三個主題，配搭二十個面對未來挑戰的關鍵力，讓我們可以在不同的人生階段無往不利。

——呂嘉紋（全國閱讀典範教師老師）

宋怡慧老師深耕閱讀多年，不遺餘力地推動一〇八新課綱的素養內涵，《用書脫魯的一生閱讀術》應時而生，實為難得。

——邱照恩（南山高中老師）

素養時代，真實與虛擬、固著與改變、衝突與協調……，以怡慧老師本書為導航，取徑閱讀，詮釋、演繹、精煉、生成最好的自己，為脫魯培力。

——邱婕歆（高雄市立五福國中老師）

怡慧老師統整的二十大關鍵力，讓你「有書陪伴，絕不會輸！」若把這本書當作智慧型手機，書中的每個關鍵力就是協助你脫魯的ＡＰＰ；若你願意用你的指紋解鎖，享受每個ＡＰＰ所帶來的樂趣，脫魯離你不遠了！

——祝育晟（新北市實踐國小老師）

她就像電影《Lucy露西》有著超能力，茫茫書海中精挑出適性、適能、適才的「閱讀處方箋」。期望學生在遭遇人生難題時，均能在閱讀中與古人對話、與自己對談、與世界交流，釐清自己真正想要的部分，找到改變劣勢的契機。

——胡惠玲（國立中山大學附屬高中主任）

新課綱上路，除了能力，更強調素養，素養是指一個人為了適應現在生活以及面對未來挑戰，所需要具備的知識、能力與態度。這本書具體的提供二十個關鍵能力，讓你可以重新認識自己，成功脫魯。

——洪進益（澎湖馬公石泉國小老師、全國教育部師鐸獎）

或許你狐疑閱讀本書能獲得什麼至寶，但可以肯定的是，你正在成長！正透過本書讓固著的思維換個想法，突破冰封的隘口，成功脫魯。

——官意千（嘉義市玉山國中老師）

閱讀讓人的思維更廣闊也更深邃。閱讀時光中，對於文本情境的敏銳摘要與分析的能力，則是人生中重要的關鍵素養。本書中，怡慧老師將引領讀者在閱讀裡積累面對人生挑戰所需的一系列重要能力，讓我們重新審視閱讀帶來的巨大力量！

——侯惠澤（台灣科技大學特聘教授、全國教育部師鐸獎）

《用書脫魯的一生閱讀術》從自我開始，外展到人際間互動，再向外拓展到跨領域、跨國界環境，有完整又精闢的看法，可謂是一本正確應對十二年國教新課綱秘笈，也培養孩子核心素養新教育挑戰的教戰手冊。怡慧的文字精煉、雋永，讀來令人有會心一笑的踏實感，不僅適合青少年閱讀，也是親師生共讀的一本好書！

——柯淑惠（台北市立東湖國中校長）

怡慧是位閱讀點燈人，面對時代變化的洪流，為迷茫的青春世代面臨的挑戰提出精確又溫暖的方向，幫助他們找到自己；怡慧老師更是位美好的閱讀典範家，洞悉世界變遷，提供別具創意、多面向角度和方式推動閱讀，帶著眾多老師用閱讀照亮孩子們！

——柯文怡（台南市立南寧高中組長）

星星本就在那兒，透過巴比倫的仰望，產生星座的意義；浩繁如星的卷帙，在怡慧學姊剔抉下，定位生命的座標。

——俞松伯（慧燈中學老師）

面對瞬息萬變的未來，不斷學習和思考才是王道。當我們迷惘無助時，閱讀即是指引我們前行的明燈，讓怡慧老師帶領大家認識自己，學習與人溝通，進而讀懂世界，用「閱讀」走出「脫魯」的人生。

——施妙旻（新北市立福和國中老師）

在混沌不明瞬間千里的年代，一本《用書脫魯的一生閱讀術》就如同穿越劇的未來良方出現在地球上。我非常樂意及榮幸為這本書推薦，並預言每一個人都會愛上它。

——莊惟棟（彰師大數學教學研究中心專委、ＩＧＳ天賦智能魔數文教執行長）

閱讀力量無遠弗屆，可療癒自己、打開胸襟、放眼多元世界，讓自己與作者在書中相會，怡慧主任書中介紹了兩百本書籍，分享人生經驗，從年輕到成人終生適用，以終為始，脫離魯蛇邁向成功，開創新局，逆轉人生，值得期待。

——馬孟平（台南市和順國小老師）

怡慧老師的新書將再一次幫你點燈，帶領妳往人生的深處探望。她用閱讀引導靈魂，尋找學習的樂趣，讓你在生命的每個轉角找到答案。是一本值得一再品味的書，強力推薦！

——陳郁如（暢銷作家）

閱讀怡慧的文字，心中總是怦然作響，因為直指人心的思想，可以穿越不同職場與世代。是的，用閱讀幫你提燈；點燃學習的熱情，調整自己的心態面對世界，落實在生活實踐中，這就是一〇八課綱的精神，也是作為成熟公民的基石，更是怡慧要告訴大家的脫魯秘訣。

——陳清圳（作家、雲林縣樟湖國中小校長）

怡慧是個懂孩子心思的老師，面對學生的疑難雜症，總是發揮她的專業，透過閱讀引導孩子，帶領孩子思考，尋找解方。相信透過《用書脫魯的一生閱讀術》，藉由認識自己開始，進而讀懂世界，不僅脫魯，更成為生命的主人。

——陳美秀（嘉義市立永慶高中秘書）

也許教改的洪流來勢洶洶，令莘莘學子們感到茫然無措，但怡慧老師可以引領大家看到「閱讀」綻放的光芒，指點我們一盞明燈。這本書教我們坦率的面對生命中的每個情感，並且利用閱讀感知人事遞嬗與世界脈動。——陳瑋馨（新北市立光復高中老師）

怡慧老師新作，帶領讀者從閱讀認識自己，看見自己的天賦，啟發多元智能；進而肯定自己，面對變動劇烈的世界，培育自己面對未來的能力；最終成就自己。可以說怡慧老師期盼藉由閱讀——點亮每一位讀者內心，成為照亮生命的光。

——陳盈州（台南市善化高中老師）

讀了這本書，就等於讀了兩百本書的精華，也只有閱讀女神能辦到！怡慧老師的文字，總散發著溫暖的光芒。閱讀後，更能從這兩百本書籍中，找到解方，治癒被現代ＡＩ洪流淹沒的自己！這，絕對是值得一看的好書！——陳琬婷（嘉義縣竹崎高中教務主任）

感謝怡慧老師再次用她獨具一格的閱讀心法，用滿滿的熱情與專業，在書裡頭展現閱讀的強大力量，讓人的意念得以衝破沮喪艱難，度過坎坷難關，透過一本本的書，回顧自己一頁頁的生命故事，找到擺脫魯蛇征服失敗的明燈！——陳孟萍（新竹縣竹中國小老師）

閱讀，可以擴展視野；閱讀，可以療癒身心；閱讀，可以培養脫魯的關鍵二十力！推薦《用書脫魯的一生閱讀術》一書，是培養自學力的好書！

——陳鳳貞（彰化縣大竹國小老師）

此書以認識自己、與人溝通、認識世界為主軸，提供一篇篇的閱讀處方箋，讓我們在人生各階段找到一個個前進的力量。

——陳佳慧（桃園市大忠國小老師）

《用書脫魯的一生閱讀術》是一道幫助我們成長學習、認識自己與世界的處方箋，也是一盞在混沌未明、瞬息萬變的ＡＩ時代中，給我們希望與力量的暗夜明燈。期待本書問世後，每個讀者都能從中取得所需的養分與能力。

——陳曉芳（國立斗六家商老師）

一生以推動閱讀為職志的怡慧老師，讓每天汲汲營營的你，能有機會和自己好好對話。書中打造最關鍵的自學力，讓勇敢逐夢的你，有方向有方法，有怡慧老師最堅強的支持和最溫暖的鼓勵。

——陳建銘（臺中市忠明高中教務主任）

一〇八課綱提醒教師，培養孩子的素養去面對未來生活的挑戰。除了培養好的品格和習慣去面對，跨領域的自學能力是不可缺乏的，而閱讀又是自學的基礎。怡慧老師用她最擅長的閱讀藥方，醫治你對於未來的恐懼症。

——陳乃誠（新竹縣竹光國中老師）

怡慧致力於推動閱讀多年，結合教學及行政身分，大大加惠於教育現場。也使閱讀不受限於求學時代，隨著生命綿延悠揚。

——許惠耳（台北市立大同高中秘書）

《用書脫魯的一生閱讀術》簡直就是一座小小圖書館。精彩的文字，豐富的內容，多元的選書角度和書籍類型，是廣泛閱讀的最佳導遊。新書也是「閱讀生命」的教戰手冊，專治生命歷程中的各種疑難雜症！印證她一貫相信的閱讀力量和「不負教育不負卿」的豪情。

——許芝薰（正心中學主任）

文如其人，怡慧老師的文字優雅溫暖，而她關愛孩子的心意，在新作中更表露無遺；書中論及的「三面二十力」，不僅是指引讀者方向的明燈、更是擺脫魯蛇心態的心靈雞湯。

——孫榆婷（臺北市泰北高級中學組長）

閱讀能力是追求知識的基石，新北市教育局多年來力推閱讀教育，因為我相信：「閱讀就是力量。閱讀是學生找到自主學習的鑰匙，在文字的世界享受與智者對話的快樂。」期待怡慧老師的新書《用書脫魯的一生閱讀術》能讓學生能和自己相遇、與人溝通、熱愛世界。

——張明文（新北市教育局局長）

看到每一個與怡慧對話後的孩子、成人，都能化沮喪為行動，湧現對自己、他人的信心和躍躍欲試，這樣的生命絕不會「魯」，就算「魯」，也是越來越有味。

——張美慧（桃園市武陵高中組長）

怡慧推行閱讀教育行之有年，已是教育界閱讀推廣的第一把交椅。她宛如文字的魔術師，帶領教育界用八萬四千多種閱讀法門去欣賞世態萬類。教育的邊際被拓展了，閱讀也被肥沃了。這次是從內容主題切進一條河道，灌溉之功日日有力，有幸風簷展書讀，必能時時受用。

——張馨云（臺南女中老師）

怡慧全身心投入推廣閱讀志業，用接地氣的宏觀視角，給我們最好的各式引導與心法，讓我們打開本書，打開心眼，打開新的宇宙！

——張青松（台北市中正高中老師）

這是一本你不得不看的好書，這本書從自己出發，告訴你謀定而後動，心安而身行；接著進入人際互動，跨域讀懂世界。就讓我們從怡慧老師的這本書出發！

——張文銘（台中市漢口國中主任）

人生在世，至少十分之九的歲月需要閱讀且受其影響，輕則扭轉習慣樹立風格，重則開創冒險改變命運。怡慧老師將其效能分析出三面二十力，讓人看到寶山更想繼續挖寶。只要你眼清目明，就該緊抓閱讀鑰匙，開啟脫魯的可能！

——張道榮（台北市博愛國小老師）

從《愛讀書》的寧靜革命，《大閱讀》的教育做不到的交給閱讀，《療癒26顆破碎的心》的款款深情關鍵力，《見字如晤》的穿越古人愛情，《星讀物語》的宇宙星空人生航行，到《用書脫魯的一生閱讀術》緊扣新課綱改革的素養教育，宋怡慧老師都說了同一句話，這句話只有五個字：請相信閱讀。

——張永慶（馬來西亞波德申中華中學校長）

在每一個惘然的時刻，我們真的可以幫助孩子跨越生命中一道又一道的坎嗎？閱讀可以！而我們只需指引孩子，他們便有了一種能力：在書海之中，找到幫助他們命運翻盤的那本書。

——倫雅文（香港中華基督教會協和小學（長沙灣）圖書館主任）

人生如晝夜，喜樂哀怒如晴雨無常。在遵養時晦的同時，相信透過這本書，在怡慧老師的帶領下，與一本本書的作者、智者交流，想必是賞心樂事，同時也為心靈打開明窗。

——黃毅娟（香港學校圖書館主任協會會長）

怡慧老師用最懇切溫暖的心，將閱讀化為登山杖，用來撐拄，穩固孩子們認識自己的力量核心；持以指引，作為與他人、與世界連結的接點，能有效溝通、敢勇闖未知。這一切，都是怡慧老師用閱讀的魔法帶來的改變！

——黃麗禎（國立師大附中老師）

這本書讓父母與孩子們不再畏懼新課綱的素養難題。廣泛的閱讀視域，多元的閱讀關鍵力，從自我到他者，從內在啟悟出發向真實人生，你會比你自己想像得更有智慧，心靈更豐碩！

——黃月銀（台北市立中山女高老師）

閱讀是孩子連結世界最好的方法，也是脫魯翻轉人生最棒的方法，精彩的書有兩種：一種是讓你很想一口氣看完，另外一種卻是讓你捨不得太快把它看完。如果你無法體會，強烈推薦你看怡慧老師的這本書，你就會懂得什麼叫做「捨不得看完的好書」。

——黃光文（台南市家齊高中老師）

《用書脫魯的一生閱讀術》仍是從源頭的「認識自己」出發，然後「與人溝通」，最後「讀懂世界」，完全扣合自發互動共好的精神，感謝怡慧老師的閱讀處方籤，開一帖「十二年國教」良藥，讓學生脫魯！完勝！

——黃秋琴（桃園市立龍潭國中主任）

Google 創辦的理念是「匯整全球資訊，供大眾使用，使人人受惠」「Google 一下」成為當代搜索資訊的動詞。怡慧老師創作本書，理念是「統整閱讀資訊，培植三面二十力，使人人脫魯入溫拿（winner）」「怡慧一下」將成為未來搜索書籍的新動詞。

——黃浩勳（台中市立沙鹿國中老師）

在本書當中，宋怡慧老師把孩子們會面臨到的各項問題、需要用到的能力，幫大家網羅了適合的書目。這本書就像衛星導航，指引你方向，省去了你自己摸索的時間，讓你可以早日從「魯蛇」逆襲為「溫拿」。

——黃淑卿（花蓮花崗國中老師）

深耕青少年的閱讀素養，培養新世代的論述能力與批判精神，是宋怡慧老師在推廣閱讀的路上，不斷努力前進的目標。站在教育前線的她，洞悉當代青少年的閱讀困境與熱情所在，以幽默、同理之筆，引領年輕讀者泅泳在遼闊發光的文字海洋。

——番紅花（親職作家）

堅信人生難題浩瀚書海終有答案，怡慧絕對能榮膺閱讀幸福見證人。喜歡她用最務實的閱讀背影示人；享受她娓娓道來書中意涵與餘韻；欽佩她總是扛起推廣閱讀的重責大任；感恩她為我們帶來無助時最明亮的一道光：《用書脫魯的一生閱讀術》。

——溫美玉（溫老師備課 Party 創始人）

怡慧老師的新書，受惠無窮，驚艷萬分。自幼我便喜歡閱讀，讓我獲得了書中的黃金屋和千鐘粟。此書更給了二十個關鍵力，書一打開，脫魯必成。

——彭仁星（全國教育部師鐸獎、苗栗縣永貞國小教務主任）

怡慧老師總是站在閱讀最先鋒不遺餘力地幫莘莘學子們預讀、選書，但最令人驚豔的是，她每次都以最別出心裁的方式引君入甕，你不能錯過這位閱讀傳教士的每一次閱讀指引，特別是這一本，因為她要幫大家脫魯！一個個非常清楚具體又必要的目標，帶來希望光亮並能引發絕對的行動力！

——彭菊仙（親子作家）

怡慧老師的《用書脫魯的一生閱讀術》，用閱讀，指引了一條明路。從認識自己，到與人互動，最後邁向世界，書裡用三面二十力，逐步地架構出精采人生的原動力。讓我們，一同用閱讀來脫魯吧。

——葉奕緯（彰化縣立田中高中老師）

怡慧老師的《用書脫魯的一生閱讀術》，是一本教人如何利用「閱讀」，在瞬息萬變的改革潮流中，找到自己定位的「心靈雞湯」。無論是已經脫魯的你、正與人生現實拔河的你、或是想要脫魯卻沒有方向的你，都可以來讀這本書。相信從書中的二十個關鍵力，能讓我們獲得更多點亮自己、照耀他人的光芒。

——葉怡麟（新北市福和國中老師）

我一直認為怡慧老師是推動閱讀的良醫，也是最具智慧的煉金師。這次，她以三大主題為綱，二十關鍵力為領，淬煉兩百本典籍精華，為每個青春靈魂望聞問切，開出解惑脫魯的良方，讓孩子天賦自由，也更輕鬆自信邁向素養新時代！

——楊依純（台南市善化高中老師）

怡慧老師別具慧眼告訴大家，脫魯可以從善用圖書館開始。認識自己的情感情緒，用源源不絕的自癒力面對人生，識讀海闊天空的跨域新世界……這才是由裡到外，脫胎換骨的對魯蛇bye、bye。所以我樂於推薦這本超實用好書。

——楊濟襄（國立中山大學中文系教授）

「信此書，得脫魯！」我們只不過是生病的人，慢慢地接近死亡的終點，閱讀減緩痛苦的過程，是救贖，亦是解脫。

——厭世國文老師（作家）

閱讀的力量，只有親身經歷才知道其中的強大。《用書脫魯的一生閱讀術》啟動的其實是可貴的自學能力。人生從來沒有標準答案，看他人反思自我，只有墊高自己的學習力才有照亮人生的可能！

——蔣錦繡（新北市立中和高中老師）

當生命徬徨時，透過閱讀，得以找到心靈療癒的解方；透過閱讀，得以找到生命「脫魯」的力量。讓我們一起透過怡慧老師溫婉而堅毅的文字，活出閱讀「脫魯」的精彩人生！

——鄧憶貞（彰化縣二林高中老師）

怡慧老師以海量閱讀的概念，為書本找尋知己的巧思，將閱讀當作引燃生命動能的火種，盼能培養孩子真正帶的走的能力，以及面對生命的荒蕪時的勇氣。願素養在閱讀中萌芽，願閱讀在生命中實踐。有了閱讀，你不是loser，而是自己人生當中的leader！

——廖修緯（新北市崇德國小老師）

知名滷味店的名氣來自傳諸數代的滷水。多數的學習像是徒勞無功，像似分別羼入的香料，未必獨特，只是經過歲月的沉澱，不僅味道富有後勁，淺嚐更是醉人。怡慧老師以平凡釀出了不凡，我誠心推薦此書。

——劉重佐（永年中學老師）

怡慧老師帶領我們從「認識自己」、「與人溝通」和「讀懂世界」三個主題，配搭二十個面對未來挑戰的關鍵力，讓我們學習如何應對這些複雜且「好成績」也無法解決的問題。

——劉美娜（教育部閱讀磐石推手獎老師）

身為教育人，我一直希望每個人都能享受閱讀的美好，讓閱讀成為全民最好的習慣。宋怡慧老師是台灣閱讀的推手，相信透過本書，你我一起來，一定能讓閱讀成為台灣最美麗的風景，讓閱讀成為一種全民運動。

——劉仲成（國立公共資訊圖書館館長）

閱讀是任意門，可以讓我們到處想像、任意飛翔，無入而不自得，發現生命的奇蹟；任意門的鑰匙就在怡慧老師的書中，歡迎共飛共好共（脫魯）。

——劉怡瑩（台中市自由國小烏石分校老師）

欣見宋怡慧老師化身得道禪師，點破各書閱讀效益；又如神仙教母，揮動閱讀魔杖，提升自主行動、溝通互動、社會參與的「武功秘笈」華色含光。期待少年們，透過怡慧老師的慧眼，看見自己的好，發現他人的美！

——劉文尚（雲林縣鎮南國小老師）

怡慧老師這本脫魯之書，提供許多有效的策略，讓習得無助感的孩子透過閱讀，知道自己不孤獨，進而覺得自己被了解、被同理，更有勇氣面對生命中的種種難關、挑戰，而不再迴避。

——鄭柏洲（台中縣立大道國民中學老師）

怡慧為閱讀懸命，在書海中汲取適合的元素，調配出解方——魯，無以防堵，然而被閱讀滋養的心靈能在魯味中嗅到花香。

——鄭汶瑜（高雄市立壽山國民中學老師、教育部閱讀推手獎）

在我心中有個想像，如同《深夜食堂》的老闆、《山茶花文具店》的鳩子，怡慧是「SONG讀書坊」的主人，用職人精神嚴選「三面二十力」閱讀解方，再以書串起綿延的燈線，為迷惘的學子引光明路，如此熱切而真誠。

——鄭翔榛（基隆市立明德國中老師）

閱讀是自我對話，亦是尋覓心的旅程，跟著怡慧老師散發的亮光，從認識自己，和人溝通，接軌世界，徜徉於無限想像的空間，享受閱讀的快樂。

——賴來展（新北市立金山高中校長）

怡慧曾經說過：「如何讓一位孩子即使離開學校，也會自主學習，培養與世界競爭的能力？其關鍵就是閱讀！」怡慧的新作《用書脫魯的一生閱讀術》，就讓我們一起來見證奇蹟吧！看見閱讀的力量！

——戴立中（台中市上安國小老師）

生命中總有覺得自己是魯蛇的時刻，那麼，就讀讀「用書脫魯」吧！這本書為你量身訂做，不僅提供明確的指引，更協助你在茫茫書海中，立即找到人生挑戰所需的書籍解方，而能對症下藥，一發中的，不僅脫魯，更成溫拿！

——簡鈺珣（台中市長億高中老師）

AI時代來臨，從多元而廣泛的閱讀建立素養，才能建立個人獨一無二的價值。本書透過三大篇章與二十個面對未來的關鍵力，期許每個人在書中找到顏如玉、千鍾粟、黃金屋，逆襲人生，為生命脫魯。

——蘇偉銓（中華多元智能教育協會理事長）

怡慧老師誠為熱愛生活美好事物的閱讀實踐者。畢生將文字的力量發揮到極致，用書為生命「脫魯」，用閱讀搭起「帶著走」的素養能力。我衷心推薦：《用書脫魯的一生閱讀術》，讓您在生命的頓挫找到光明的出路。

——蘇健倫（桃園市壽山高中老師）

怡慧老師的《用書脫魯的一生閱讀術》，協助孩子們因應一〇八課綱「三面九項」之核心素養。她以「閱讀理解」為法門，建構了二十個關鍵力，提供學子們良方，讓他們在「認識自己」、「與人溝通」、「讀懂世界」等方面，能有更深刻的思考與實踐。此書用心良苦，內容紮實，值得一讀再讀。

——羅琦強（恆毅中學老師）

這是一本素養之書，更像一封長長的信，像小鹿那樣的一封信，斑斑點點，寫的都是可以「帶著走」的美好標記。閱讀它，不但是最美的位移，也是找到自己的生活食草！

——嚴忠政（詩人、暢銷作家）

用書脫魯的一生閱讀術

作者	宋怡慧
社長	陳蕙慧
主編	陳瓊如
行銷企畫	李逸文、尹子麟、姚立儷
封面攝影	陳佩芸
內頁設計	陳宛昀
排版	宸遠彩藝
集團社長	郭重興
發行人兼出版總監	曾大福
出版	木馬文化事業股份有限公司
發行	遠足文化事業股份有限公司
地址	231 新北市新店區民權路 108-2 號 9 樓
電話	（02）2218-1417
傳真	（02）2218-0727
Email	service@bookrep.com.tw
郵撥帳號	19588272 木馬文化事業股份有限公司
客服專線	0800-221-029
法律顧問	華洋國際專利商標事務所 蘇文生律師
印刷	呈靖印刷股份有限公司
初版一刷	2019 年 10 月 02 日
初版六刷	2022 年 10 月 25 日
定價	360 元

國家圖書館出版品預行編目

用書脫魯的一生閱讀術 / 宋怡慧著 . -- 初版 . -- 新北市 : 木馬文化出版 : 遠足文化發行 , 2019.10

面； 公分

ISBN 978-986-359-727-8（平裝）

1. 閱讀 2. 文集

019.07 108015466